Omaggi

ROSARIO

Preghiera prediletta

Prefazione di Madre M. Tekla Famiglietti

Illustrazioni di

Copertina e Lettera del Papa
ROBERTO JOPPOLO - Italia

Misteri Gaudiosi
FERNANDO LEAL AUDIRAC - Messico

Misteri Luminosi
STEPHEN THOMAS BOOTH - Australia

Misteri Dolorosi
KAZUO PAOLO YAMAGUCHI - Giappone.

Misteri Gloriosi
BERTINA LOPES - Mozambico

NOVA ITINERA
Editoria e Comunicazione multimediale Srl

Torni fra le mani dei cristiani la corona del Rosario e col suo aiuto si intensifichi quel dialogo tra la terra e il cielo che è garanzia del perseverare del dialogo tra gli uomini stessi, affratellati sotto lo sguardo amorevole della Madre comune.
Giovanni Paolo II

Da un'idea di
Lorenzo Gulli

In redazione
Alfonso Cauteruccio
Dario Busolini

Viale delle Milizie, 9 – 00192 Roma

Grafica
Graphicon Sas – Roma

Stampa
Arti grafiche ANTICA PORZIUNCOLA
località Stradone – 06033 Cannara PG
settembre 2003

IN COPERTINA:
"Maria, Madre del Rosario e Madre della Pace"
*di **Roberto Joppolo***

Sommario

Prefazione di Madre M. Tekla Famiglietti 7

Sintesi della Lettera Apostolica di Giovanni Paolo II
ROSARIUM VIRGINIS MARIAE 15

MISTERI GAUDIOSI

- Annunciazione 47
  di Giovanni Battista Card. Re
- Visitazione 55
  di Roger Card. Etchegaray
- Nascita di Gesù 61
  di Michael Michai Card. Kitbunchu
- Presentazione al Tempio 73
  di Christian Wiyghan Card. Tumi
- Ritrovamento di Gesù tra i Dottori 81
  di Norberto Card. Rivera Carrera

MISTERI LUMINOSI

- Battesimo 95
  di Ignace Moussa I Card. Daoud
- Autorivelazione alle Nozze di Cana 107
  di Oscar Andrés Card. Rodríguez Maradiaga

- Annuncio del Regno di Dio *117*
di Thomas Stafford Card. Williams
- Trasfigurazione *129*
di Francis Card. Arinze
- Istituzione dell'Eucaristia *137*
di Vinko Card. Puljić

MISTERI DOLOROSI

- L'agonia di Gesù nell'Orto degli ulivi *147*
di Frédéric Card. Etsou-Nzabi-Bamungwabi
- La flagellazione di Gesù *155*
di Miloslav Card. Vlk
- La coronazione di spine *167*
di Edward Idris Card. Cassidy
- La via al calvario *175*
di Paul Card. Shan Kuo-hsi
- La crocifissione e morte di Gesù *185*
di James Francis Card. Stafford

MISTERI GLORIOSI

- Risurrezione di Cristo *199*
di José Card. Saraiva Martins
- Ascensione di Gesù *211*
di Stephen Card. Kim Sou-hwan
- Discesa dello Spirito Santo *217*
di Bernard Card. Agré
- Assunzione di Maria *223*
di Jorge Mario Card. Bergoglio
- Incoronazione di Maria regina del cielo e della terra *231*
di Edward Bede Card. Clancy

Gli Artisti *239*

Prefazione

Confesso che è troppo onore per me presentare un libro mariano scritto da Eminentissimi Cardinali. Mi sono chiesta: Che cosa potrò mai aggiungere di significativo a pagine di solida teologia, di sapiente pastoralità, di alta spiritualità? Proprio nulla, ho pensato più volte. Ma poi, riflettendo meglio, ho detto in umiltà a me stessa che, essendo la nota femminile evidentemente prioritaria in un libro sulla Vergine, questa mia Presentazione si poteva ben giustificare: posso dire, infatti, delle parole d'avvio a questo eminente libro con un timbro femminile, con il tono spirituale tipico di una donna consacrata.

1. Il Rosario, amata preghiera di Giovanni Paolo II. Non è stato un segreto per nessuno che il santo Padre amasse in modo smisurato il "Santo Rosario": è la compagnia costante del suo Ministero Apostolico. Non ha sorpreso affatto, perciò, che Egli abbia voluto dedicare ad esso la Lettera apostolica *Rosarium Virginis Mariae,* di cui ha fatto dono alla Chiesa il 16 ottobre dell'anno 2002, inizio del venticinquesimo del Suo Pontificato.

Il Santo Padre nutre da sempre una squisita pietà mariana. Ricordo solo quel segno alto del suo amore a Maria: l'Enciclica *Redemptoris Mater* pubblicata nell'anno mariano 1987. Direi, però, che la Sua dedizione a Maria è uno dei fili conduttori dell'intera sua esistenza.

Il Papa stesso confida da sempre d'essere "uomo del Rosario", anche nel lungo corso del suo Pontificato: "il Rosario – dice – è la mia preghiera prediletta" (cfr. Lett. Ap. *Rosarium Virginis Mariae,* nn. 2.25). Ci ha confidato anche che durante l'ultimo viaggio in Polonia, il 19 agosto 2002, a Kalwaria Zebrzydowska, Egli così si è rivolto alla Madonna: *"Madre Santissima... ottieni anche a me le forze del corpo e dello spirito, affinché possa compiere fino alla fine la missione assegnatami dal Risorto. A te rimetto tutti i frutti della mia vita e del mio ministero; a Te affido le sorti della Chiesa... in Te confido e a Te ancora una volta dichiaro: Totus tuus, Maria! Totus Tuus! Amen".*

È giusto allora affermare che Giovanni Paolo II è un "Papa mariano": lo è personalmente e lo è per la Chiesa, alla quale, nel suo Magistero, ha voluto presentare Maria come la "Pellegrina di fede", come la Discepola, come la Donna che ha svolto una "mediazione materna" a fianco del Figlio e a vantaggio nostro.

2. Il Rosario, una preghiera che addolcisce la vita. Nelle bellissime pagine di questo eminente libro sono evidenti, con magnifica armonia, le dimensioni biblica, cristologica, trinitaria e contemplativa che intessono la *Lettera apostolica* di Giovanni Paolo II. L'idea che se ne riceve è che il Rosario è una preghiera ricchissima di contenuti, poiché si apre a stella verso tutti i misteri di Cristo.

Proprio per questa tessitura di "misteri" cristiani, il Rosario è presentato in questo libro, splendida eco allo scritto pontificio, come una preghiera fortemente cristologica e, in ogni intervento, si notano rigore di dottrina e di linguaggio.

Questo, però, non toglie la possibilità di scorgere una dimensione sottile e lieve, come in filigrana, in questo autorevole Commento alla Lettera apostolica: è la *dolcezza del Rosario*. Dirò che si tratta di una dolcezza ricca, che va intesa in un duplice significato: *il Rosario è preghiera dolce, è preghiera che rende belli.*

Del Rosario, ormai, occorre evidenziare anche gli aspetti luminosi (i "misteri della luce" aggiunti dal Papa), ma anche quelli "belli", che fanno buona la vita e rallegrano il nostro futuro. A questa "bellezza" il Papa fa cenno e gli eminentissimi Autori lo ricordano.

Il Santo Padre riconosce nella sua *Lettera* il fatto che "diventa naturale portare – tramite il Rosario – a questo incontro con la santa umanità del Redentore i tanti problemi, assilli e progetti che segnano la nostra vita" (cfr. *Ivi,* n. 25). L'esito di questo "incontro" è una grande *consolazione*, un sicuro *lenimento* alle tante ferite che la vita comporta.

Dunque, il Rosario è preghiera confidente, cordiale, tenera, capace di addolcire gli animi e di portare più tenerezza e lievità nella nostra vita di singoli e, certamente, anche nella nostra vita di Chiesa.

3. Il Rosario, via mariana che porta a Cristo. Il libro, che ho l'onore di introdurre, mostra un'estesa preoccupazione: evidenziare il punto della *Lettera* del Papa circa il "contemplare con Maria il volto di Cristo". È una preoccupazione giustificata. Infatti, da tempi remotissimi sino alle replicate affermazioni dei Papi – da Leone XIII a Giovanni XXIII, nominati nella *Lettera* apostolica (cfr. *Ivi,* n. 2) – il Rosario era considerato prevalentemente come omaggio a Maria.

Giovanni Paolo II porta una novità su questo punto, anche se si tratta dell'esplicitazione dell'implicito; ribadisce, infatti, "il carattere evangelico del Rosario e il suo orientamento cristologico" (già evidenziato dalla sua fisionomia mariana); è "preghiera del cuore cristologico: nella sobrietà dei suoi elementi, concentra in sé la profondità dell'intero messaggio evangelico, di cui è quasi un compendio" (cfr. *Ivi,* n. 1).

Questo forte accento sul mistero di Cristo, tra l'altro, rientra nelle caratteristiche decisive dei 25 anni di Pontificato di Papa Wojtyla. A partire della celebre Omelia per l'inizio del Pontificato appare chiara un'idea: Cristo sta al centro della sua vita e dei suoi pensieri, ed è questo uno dei doni maggiori che Egli si prodiga d'annunciare e di portare nella storia contemporanea.

Questa centralità di Cristo vibra, infatti, nei suoi documenti: dalla prima enciclica *Redemptor hominis* (4 marzo 1979: citata al n. 25) alla Lettera apostolica *Nuovo millennio ineunte* (6 gennaio 2001), nella quale s'intrecciano la persuasione e la speranza che l'eredità del Grande Giubileo, preparato con vent'anni di Pontificato, sia proprio *l'incontro con Cristo* a tutti i livelli. Anzi, la riflessione sul Rosario è quasi il coronamento di quella giubilare, "per esortare alla contemplazione del volto di Cristo" (cfr. *Ivi,* n. 3). Pure il Rosario è incontro con Cristo!

La stessa aggiunta dei cinque "misteri della luce" palesa l'intento di Giovanni Paolo II a potenziare lo spessore cristologico del Rosario. Questi "misteri luminosi" sono "opportunamente individuati nel Battesimo di Gesù al Giordano, nella sua autorivelazione alle nozze di Cana, nell'annuncio del regno di Dio con l'invito alla conversione, nella sua Trasfigurazione, nell'istituzione dell'Eucaristia, espressione sacramentale del mistero pasquale" (*Ivi,* n. 21). Il Papa stesso offre ad essi una motivazione e un commento sintetici, e ripete la centralità in cui il Cristo solo è protagonista: "tranne che a Cana, la presenza di Maria rimane sullo sfondo" (cfr. *Ivi,* n. 21).

4. Ancora una volta la Croce al centro. Il Papa nella Lettera sottolinea i "misteri del dolore", a cominciare dall'agonia al Getsemani: «Lì Cristo si pone nel luogo di tutte le tentazioni dell'umanità, e di fronte a tutti i peccati dell'umanità, per dire al Padre: "Non sia fatta la mia, ma la tua volontà" (*Lc* 22,42). Questo suo "sì" ribalta il "no" dei progenitori nell'Eden. E quanto questa adesione alla volontà del Padre gli sia costata emerge dai misteri seguenti, nei quali, la salita al *Calvario,* con la flagellazione, la coronazione di spine, la morte in croce, lo getta nella più grande abiezione: Egli è *l'Ecce homo!*» (*Ivi,* n. 22).

La decisa concentrazione sul mistero di Cristo, che il Papa opera nella *Lettera* e gli Eminentissimi Cardinali evidenziano nel loro commento in questo libro, mi porta a ricordare la mia Brigida di Svezia –

la grande Mistica del nord, ora magnifica Compatrona d'Europa – con la sua spiritualità fortemente cristocentrica: nelle Rivelazioni ella mostra un'acuta intelligenza mistica dei misteri di Cristo, soprattutto della passione del Salvatore.

L'anima di Brigida era stata timbrata a fuoco dal mistero della Croce fin dalla sua infanzia e per tutta la sua esistenza. Ed è significativo che Ella concludesse i suoi giorni ripetendo le parole del *Salmo* 31, le stesse che Gesù ha ripetuto sulla Croce: «Nelle tue mani, Signore, raccomando l'anima mia». Così, le ultime parole di Brigida morente furono le ultime parole di Gesù agonizzante sulla Croce.

Una Brigidina può solo godere per l'insistenza di Giovanni Paolo II sul tema della Croce, quasi il *punto archimedico* del suo Magistero, che potrebbe essere così riassunto in tanta parte: Cristo al centro e al centro del centro la Croce!

Prendendo davvero sul serio questo ineludibile punto di vista cristiano, s'approda inesorabilmente a un cristianesimo pieno e senza cedimenti alle attuali lusinghe dell'effimero.

5. Un potente richiamo alla contemplazione. «Ciò che è veramente importante – scrive il Papa – è che il Rosario sia sempre più concepito e sperimentato come itinerario contemplativo» (cfr. *Ivi,* n. 38). Tale valenza contemplativa del Rosario configura un'altra novità coraggiosa: il Rosario si configura come pellegrinaggio nella *contemplazione del volto di Cristo,* che costituisce un tema melodico nella sinfonia della spiritualità e degli insegnamenti di Giovanni Paolo II.

Nella *Novo millennio ineunte,* ad esempio, uno dei

cardini è proprio la contemplazione del volto di Gesù (cfr. i nn. 16-28). Il Rosario per il Papa «costituisce un mezzo validissimo per favorire tra i fedeli l'impegno di contemplazione del mistero cristiano» (cfr. *Ivi,* n. 5).

È deciso e chiaro l'intento di Giovanni Paolo II di richiamare i cristiani a riassumere l'atteggiamento contemplativo. Vibrante è il ritornello della *Lettera:* il Rosario è contemplazione cristologica (cfr. *Ivi,* 12 e *altrove*).

Il richiamo del Papa alla contemplazione è per me il punto più prezioso di questo Documento pontificio, ma anche il richiamo più urgente che da esso proviene, poiché siamo in un mondo che pullula pericolosamente di esistenze senza contemplazione. E un mondo senza l'esperienza della contemplazione è un mondo a rischio.

Chiudendo la mia Presentazione a questo importante libro, che si raccomanda da sé sia per il tema sia per gli Eminentissimi autori, voglio riferirmi ancora a Santa Brigida e anche alla Beata Maria Elisabetta Hesselblad, la "seconda Brigida": due donne che hanno raggiunto alti vertici mistici e sono uno splendido esempio di sintesi fra contemplazione e azione. Queste due donne di Vangelo chiedono ai cristiani d'oggi di vivere da contemplativi nella storia, perché non si può essere cristiani senza preghiera, né cristiani indifferenti ai dolori e ai doveri della storia. E Maria ci è Madre e Sorella esemplare!

Madre M. Tekla Famiglietti
Abbadessa Generale
dell'Ordine del SS.mo Salvatore di Santa Brigida

Sintesi della Lettera Apostolica di Giovanni Paolo II

ROSARIUM VIRGINIS MARIAE

Del 16 ottobre 2002

Introduzione

1. La popolare ed antica preghiera del Rosario della Vergine Maria nacque gradualmente nel secondo Millennio. Amata da numerosi Santi e incoraggiata dal Magistero, conserva ancor oggi la freschezza delle origini ed il suo profondo valore spirituale, segnato dalla centralità, in essa, della figura di Cristo. «Il Rosario, infatti, pur caratterizzato dalla sua fisionomia mariana, è preghiera dal cuore cristologico. Nella sobrietà dei suoi elementi, concentra in sé la profondità dell'intero messaggio evangelico, di cui è quasi un compendio. In esso riecheggia la preghiera di Maria, il suo perenne Magnificat per l'opera dell'Incarnazione redentrice iniziata nel suo grembo verginale. Con esso il popolo cristiano si mette alla scuola di Maria, per lasciarsi introdurre alla contemplazione della bellezza del volto di Cristo e all'esperienza della profondità del suo amore. Mediante il Rosario il credente attinge abbondanza di gra-

zia, quasi ricevendola dalle mani stesse della Madre del Redentore».

2. Molti Papi hanno attribuito grande importanza al Rosario: Leone XIII il 1° settembre 1883 promulgò l'Enciclica *Supremi apostolatus officio,* definendolo un efficace strumento spirituale di fronte ai mali della società, il Beato Giovanni XXIII e Paolo VI sottolinearono il carattere evangelico del Rosario ed il suo orientamento cristologico. «Io stesso, poi, non ho tralasciato occasione per esortare alla frequente recita del Rosario. Fin dai miei anni giovanili questa preghiera ha avuto un posto importante nella mia vita spirituale... Il Rosario mi ha accompagnato nei momenti della gioia e in quelli della prova. Ad esso ho consegnato tante preoccupazioni, in esso ho trovato sempre conforto. Ventiquattro anni fa, il 29 ottobre 1978, ad appena due settimane dall'elezione alla Sede di Pietro, quasi aprendo il mio animo così mi esprimevo: "Il Rosario è la mia preghiera prediletta. Preghiera meravigliosa! Meravigliosa nella sua semplicità e nella sua profondità. [...] Si può dire che il Rosario è, in un certo modo, un commento-preghiera dell'ultimo capitolo della Costituzione *Lumen gentium* del Vaticano II, capitolo che tratta della mirabile presenza della Madre di Dio nel mistero di Cristo e della Chiesa. Difatti, sullo sfondo delle parole *Ave Maria* passano davanti agli occhi dell'anima i principali episodi della vita di Gesù Cristo. Essi si compongono nell'insieme dei misteri gaudiosi, dolorosi e gloriosi, e ci mettono

in comunione viva con Gesù attraverso – potremmo dire – il Cuore della sua Madre. Nello stesso tempo il nostro cuore può racchiudere in queste decine del Rosario tutti i fatti che compongono la vita dell'individuo, della famiglia, della nazione, della Chiesa e dell'umanità. Vicende personali e vicende del prossimo e, in modo particolare, di coloro che ci sono più vicini, che ci stanno più a cuore. Così la semplice preghiera del Rosario batte il ritmo della vita umana».

3. Venticinque anni dopo, Giovanni Paolo II, attraverso questa Lettera Apostolica, desidera elevare il suo grazie al Signore con le parole della sua Madre Santissima, sotto la cui protezione pose il proprio ministero petrino: Totus tuus! Quasi a coronamento mariano del documento conclusivo del Grande Giubileo del 2000 la Lettera apostolica *Novo millennio ineunte,* il Santo Padre sviluppa una riflessione sul Rosario per esortare alla contemplazione del volto di Cristo in compagnia e alla scuola della sua Madre Santissima. «A dare maggiore rilevanza a questo invito, prendendo occasione dal prossimo centoventesimo anniversario della menzionata Enciclica di Leone XIII, desidero che questa preghiera nel corso dell'anno venga particolarmente proposta e valorizzata nelle varie comunità cristiane. Proclamo, pertanto, l'anno che va dall'ottobre di quest'anno all'ottobre del 2003 Anno del Rosario».

4. L'Anno del Rosario, secondo il Papa, è opportu-

no per fronteggiare «una certa crisi di questa preghiera» che rischia di essere a torto sminuita nel suo valore e perciò scarsamente proposta alle nuove generazioni da quanti la giudicano poco liturgica o poco ecumenica.

5. Viceversa «il motivo più importante per riproporre con forza la pratica del Rosario è il fatto che esso costituisce un mezzo validissimo per favorire tra i fedeli quell'impegno di contemplazione del mistero cristiano che ho proposto nella Lettera apostolica *Novo millennio ineunte* come vera e propria "pedagogia della santità": Il Rosario si pone nella migliore e più collaudata tradizione della contemplazione cristiana. Sviluppatosi in Occidente, esso è preghiera tipicamente meditativa e corrisponde, in qualche modo, alla "preghiera del cuore" o "preghiera di Gesù" germogliata sull'humus dell'Oriente cristiano».

6. Il Rosario, inoltre, è una validissima preghiera per la pace e per l'unità delle famiglie, oggi tanto minacciate.

7. La Vergine stessa, del resto, tra il diciannovesimo e il ventesimo secolo, ha esortato il Popolo di Dio a pregare il Rosario, come nelle apparizioni di Lourdes e di Fatima.

8. Il Rosario è stato la via di santità per san Luigi Maria Grignion de Montfort, san Pio da Pietrelcina e per il beato Bartolo Longo, l'apostolo del-

la nuova Pompei. Bartolo Longo sviluppò l'anima cristologica e contemplativa del Rosario, trovando particolare incoraggiamento e sostegno in Leone XIII, il «Papa del Rosario».

Capitolo I

Contemplare Cristo con Maria

9. La scena evangelica della trasfigurazione di Cristo può essere assunta ad icona della contemplazione cristiana. «Fissare gli occhi sul volto di Cristo, riconoscerne il mistero nel cammino ordinario e doloroso della sua umanità, fino a coglierne il fulgore divino definitivamente manifestato nel Risorto glorificato alla destra del Padre, è il compito di ogni discepolo di Cristo...

10. La contemplazione di Cristo ha in Maria il suo modello insuperabile...

11. I ricordi di Gesù, impressi nel suo animo, l'hanno accompagnata in ogni circostanza, portandola a ripercorrere col pensiero i vari momenti della sua vita accanto al Figlio. Sono stati quei ricordi a costituire, in certo senso, il "rosario" che Ella stessa ha costantemente recitato nei giorni della sua vita terrena». Un "rosario"che Maria ripropone continuamente ai credenti, invitandoli a contemplare, come e con Lei, i "misteri" del Figlio, affinché questi possano sprigionare tutta la loro forza salvifica.

TAVOLA II

"Maria e Cristo in contemplazione"
di ***Roberto Joppolo***

12. «Il Rosario, proprio a partire dall'esperienza di Maria, è una preghiera spiccatamente contemplativa...

13. Il contemplare di Maria è innanzitutto *un ricordare*». Cioè fare memoria delle opere compiute da Dio nella storia della salvezza attualizzandole, in atteggiamento di fede e di amore, per «aprirsi alla grazia che Cristo ci ha ottenuto con i suoi misteri di vita, morte e risurrezione». La vita spirituale dei cristiani, infatti, non può esaurirsi nella sola partecipazione alla Liturgia; essa necessita anche della preghiera individuale. «Se la Liturgia, azione di Cristo e della Chiesa, *è azione salvifica per eccellenza,* il Rosario, quale meditazione su Cristo con Maria, è *contemplazione salutare.* L'immergersi infatti, di mistero in mistero, nella vita del Redentore, fa sì che quanto Egli ha operato e la Liturgia attualizza venga profondamente assimilato e plasmi l'esistenza».

14. Cristo – aggiunge il Santo Padre – è il Maestro per eccellenza, il rivelatore e la rivelazione. Per questo non dobbiamo solo imparare le cose che Egli ha insegnato, ma «*imparare Lui*». Maria diviene, per questo, la nostra migliore maestra, poiché «nessuno meglio di Lei conosce Cristo, nessuno come la Madre può introdurci a una conoscenza profonda del suo mistero». Dunque «il passare con Maria attraverso le scene del Rosario è come mettersi alla "scuola" di Maria per leggere Cristo, per penetrarne i segreti, per capirne il messaggio... Di fronte a ogni mistero del Figlio,

Ella ci invita, come nella sua Annunciazione, a porre con umiltà gli interrogativi che aprono alla luce, per concludere sempre con l'obbedienza della fede: "Sono la serva del Signore, avvenga di me quello che hai detto" (*Lc* 1, 38)».

15. «Nel percorso spirituale del Rosario, basato sulla contemplazione incessante – in compagnia di Maria – del volto di Cristo, questo ideale esigente di conformazione a Lui viene perseguito attraverso la via di una frequentazione che potremmo dire "amicale". Essa ci immette in modo naturale nella vita di Cristo e ci fa come "respirare" i suoi sentimenti». Tale conformazione a Cristo viene aiutata dall'azione materna della Vergine Santa. La Madre di Cristo, infatti, è pure Madre della Chiesa. «Come tale continuamente "genera" figli al Corpo mistico del Figlio. Lo fa mediante l'intercessione, implorando per essi l'effusione inesauribile dello Spirito. Ella è *l'icona perfetta della maternità della Chiesa*». Nel Rosario la via di Cristo e quella di Maria appaiono profondamente congiunte: Maria vive in Cristo e in funzione di Cristo.

16. «A sostegno della preghiera, che Cristo e lo Spirito fanno sgorgare nel nostro cuore, interviene Maria con la sua intercessione materna... Alle nozze di Cana il Vangelo mostra appunto l'efficacia dell'intercessione di Maria, che si fa portavoce presso Gesù delle umane necessità». La preghiera del Rosario è insieme meditazione e supplica. Nel Rosario Maria, supplicata da noi, intercede per noi davanti al Padre e al Figlio, pregando con noi e per noi.

17. Recitando il Rosario compiamo un percorso di annuncio e di approfondimento nel quale il mistero di Cristo viene continuamente ripresentato ai diversi livelli dell'esperienza cristiana. Il Rosario costituisce, allora, anche una preziosa opportunità catechetica. Perciò, lungi dall'essere sorpassato, «conserva tutta la sua forza e rimane una risorsa non trascurabile nel corredo pastorale di ogni buon evangelizzatore».

Capitolo II

Misteri di Cristo - Misteri della Madre

18. Il Rosario, quindi, costituisce una preghiera cristiana applicata alla contemplazione del volto di Cristo.

19. «Dei tanti misteri della vita di Cristo, il Rosario, così come si è consolidato nella pratica più comune avvalorata dall'autorità ecclesiale, ne addita solo alcuni. Tale selezione è stata imposta dall'ordito originario di questa preghiera, che si venne organizzando sul numero 150 corrispondente a quello dei Salmi. Ritengo tuttavia che, per potenziare lo spessore cristologico del Rosario, sia opportuna un'integrazione che, pur lasciata alla libera valorizzazione dei singoli e delle

comunità, gli consenta di abbracciare anche *i misteri della vita pubblica di Cristo tra il Battesimo e la Passione.* È infatti nell'arco di questi misteri che contempliamo aspetti importanti della persona di Cristo quale rivelatore definitivo di Dio... Affinché il Rosario possa dirsi in modo più pieno "compendio del Vangelo", è perciò conveniente che, dopo aver ricordato l'incarnazione e la vita nascosta di Cristo (*misteri della gioia*), e prima di soffermarsi sulle sofferenze della passione (*misteri del dolore*), e sul trionfo della risurrezione (*misteri della gloria*), la meditazione si porti anche su alcuni momenti particolarmente significativi della vita pubblica (*misteri della luce*). Questa integrazione di nuovi misteri, senza pregiudicare nessun aspetto essenziale dell'assetto tradizionale di questa preghiera, è destinata a farla vivere con rinnovato interesse nella spiritualità cristiana, quale vera introduzione alla profondità del Cuore di Cristo, abisso di gioia e di luce, di dolore e di gloria».

20. I "misteri gaudiosi" sono caratterizzati dalla gioia che irradia dall'evento dell'Incarnazione. Nell'Annunciazione, il saluto di Gabriele alla Vergine di Nazareth si riallaccia all'invito alla gioia messianica: «Rallegrati, Maria». Il "fiat" della Vergine racchiude il "sì" con cui tutta l'umanità corrisponde alla volontà di Dio. La stessa gioia segna l'incontro tra Maria ed Elisabetta, con il piccolo Giovanni che sussulta nel grembo materno, e la nascita di Gesù a Betlemme, cantata dagli angeli e gioiosamente annunciata ai pastori.

Gioiosi, infine, sono il riconoscimento del Messia da parte del vecchio Simeone e la scena del giovanissimo Gesù che insegna ai maestri del Tempio, anche se la profezia di Simeone e la radicalità delle parole del divino fanciullo fanno già presagire il dramma degli eventi che seguono. «Meditare i misteri "gaudiosi" significa così entrare nelle motivazioni ultime e nel significato profondo della gioia cristiana. Significa fissare lo sguardo sulla concretezza del mistero dell'Incarnazione e sull'oscuro preannuncio del mistero del dolore salvifico. Maria ci conduce ad apprendere il segreto della gioia cristiana, ricordandoci che il cristianesimo è innanzitutto *euanghelion*, "buona notizia", che ha il suo centro, anzi il suo stesso contenuto, nella persona di Cristo, il Verbo fatto carne, unico Salvatore del mondo».

21. «Passando dall'infanzia e dalla vita di Nazareth alla vita pubblica di Gesù, la contemplazione ci porta su quei misteri che si possono chiamare, a titolo speciale, "misteri della luce". In realtà, *è tutto il mistero di Cristo che è luce*. Egli è "la luce del mondo" (*Gv* 8, 12). Ma questa dimensione emerge particolarmente *negli anni della vita pubblica*, quando Egli annuncia il vangelo del Regno. Volendo indicare alla comunità cristiana cinque momenti significativi – misteri 'luminosi' – di questa fase della vita di Cristo, ritengo che essi possano essere opportunamente individuati: 1. nel suo Battesimo al Giordano, 2. nella sua autorivelazione alle nozze di Cana, 3. nell'annuncio del Regno di Dio con l'invito alla conversione, 4.

nella sua Trasfigurazione e, infine, 5. nell'istituzione dell'Eucaristia, espressione sacramentale del mistero pasquale... In questi misteri, tranne che a Cana, *la presenza di Maria rimane sullo sfondo*. I Vangeli accennano appena a qualche sua presenza occasionale in un momento o nell'altro della predicazione di Gesù (cfr. Mc 3, 31-35; *Gv* 2, 12) e nulla dicono di un'eventuale presenza nel Cenacolo al momento dell'istituzione dell'Eucaristia. Ma la funzione che svolge a Cana accompagna, in qualche modo, tutto il cammino di Cristo. La rivelazione, che nel Battesimo al Giordano è offerta direttamente dal Padre ed è riecheggiata dal Battista, sta a Cana sulla sua bocca, e diventa la grande ammonizione materna che Ella rivolge alla Chiesa di tutti i tempi: "Fate quello che vi dirà" (*Gv* 2, 5). È ammonizione, questa, che ben introduce parole e segni di Cristo durante la vita pubblica, costituendo lo sfondo mariano di tutti i "misteri della luce"».

22. Il Rosario, come gli stessi Vangeli, dà grande rilievo alla Passione del Signore, culmine della rivelazione e sorgente della nostra salvezza. La preghiera sceglie alcuni momenti della Passione per invitare l'orante a fissarvi lo sguardo del cuore e riviverli. «I misteri del dolore portano il credente a rivivere la morte di Gesù ponendosi sotto la croce accanto a Maria, per penetrare con Lei nell'abisso dell'amore di Dio per l'uomo e sentirne tutta la forza rigeneratrice».

23. Il Rosario, però, non termina con la Passione, ma

con la gloria di Cristo nella Risurrezione e nell'Ascensione. «Contemplando il Risorto il cristiano riscopre *le ragioni della propria fede* (cfr. *1 Cor* 15, 14), e rivive la gioia non soltanto di coloro ai quali Cristo si manifestò – gli Apostoli, la Maddalena, i discepoli di Emmaus –, ma anche *la gioia di Maria,* che dovette fare un'esperienza non meno intensa della nuova esistenza del Figlio glorificato. A questa gloria che, con l'Ascensione, pone il Cristo alla destra del Padre, Ella stessa sarà sollevata con l'Assunzione, giungendo, per specialissimo privilegio, ad anticipare il destino riservato a tutti i giusti con la risurrezione della carne. Coronata infine di gloria – come appare nell'ultimo mistero glorioso – Ella rifulge quale Regina degli Angeli e dei Santi, anticipazione e vertice della condizione escatologica della Chiesa».
Appare centrale, in questo senso, il mistero della Pentecoste, immagine della Chiesa come famiglia riunita con Maria, animata dallo Spirito alla missione evangelizzatrice. «I misteri gloriosi alimentano così nei credenti *la speranza della meta escatologica* verso cui sono incamminati come membri del Popolo di Dio pellegrinante nella storia. Ciò non può non spingerli ad una coraggiosa testimonianza di quel "lieto annunzio" che dà senso a tutta la loro esistenza».

24. «Il Rosario si pone a servizio di questo ideale, offrendo il "segreto" per aprirsi più facilmente a una conoscenza profonda e coinvolgente di Cristo. Potremmo dirlo *la via di Maria.* È la via dell'esempio della Vergine di Nazareth, donna di fede, di silenzio e di ascolto. È insieme la via di una devozione mariana animata dalla consapevolezza dell'inscindibile rapporto che lega Cristo alla sua Madre Santissima: *i misteri di Cristo* sono anche, in certo senso, *i misteri della Madre*, persino quando non vi è direttamente coinvolta, per il fatto stesso che Ella vive di Lui e per Lui».

25. Recitando il Rosario non meditiamo solo gli episodi della Rivelazione. Attraverso di essi apprendiamo anche la verità sull'uomo. Infatti nel cammino di Cristo viene ricapitolato, svelato e redento il cammino dell'uomo. La nascita di Cristo insegna la sacralità della vita, la famiglia di Nazareth rivela il disegno di Dio sulle famiglie umane, la vita pubblica di Gesù offre la luce per entrare nel Regno di Dio, il Calvario spiega il senso del dolore salvifico, la visione di Cristo e di Maria nella gloria celeste indica il traguardo finale cui ciascuno di noi è chiamato, se si lascia sanare e trasfigurare dallo Spirito Santo. «Al tempo stesso, diventa naturale portare a questo incontro con la santa umanità del Redentore i tanti problemi, assilli, fatiche e progetti che segnano la nostra vita... A distanza di venticinque anni, ripensando alle prove che non sono mancate nemmeno nell'esercizio del ministero petrino, mi sento di ribadire, quasi come un caldo invito rivolto a tutti perché ne facciano personale esperienza: sì, davvero il Rosario "batte il ritmo della vita umana", per armonizzarla col ritmo della vita divina, nella gioiosa comunione della Santa Trinità, destino e anelito della nostra esistenza».

Tavola III

"Misteri di Cristo, misteri della Madre"
di ***Roberto Joppolo***

Capitolo III

Per me vivere è Cristo

26. «La meditazione dei misteri di Cristo è proposta nel Rosario con un metodo caratteristico, atto per sua natura a favorire la loro assimilazione. È il metodo *basato sulla ripetizione.* Ciò vale innanzitutto per l'Ave Maria, ripetuta per ben dieci volte ad ogni mistero. Se si guarda superficialmente a questa ripetizione, si potrebbe essere tentati di ritenere il Rosario una pratica arida e noiosa. Ben altra considerazione, invece, si può giungere ad avere della Corona, se la si considera come espressione di quell'amore che non si stanca di tornare alla persona amata con effusioni che, pur simili nella manifestazione, sono sempre nuove per il sentimento che le pervade».

Per comprendere il Rosario, infatti, bisogna entrare nella dinamica psicologica dell'amore. Rivolgendosi a Maria, l'orante con Lei e attraverso di Lei indirizza a Cristo un atto d'amore. La ripetizione dell'Ave Maria diventa allora l'esito naturale del desiderio di conformare a Cristo la sua vita.

27. «Che il rapporto con Cristo possa avvalersi anche dell'aiuto di un metodo non deve stupire. Iddio si comunica all'uomo rispettando il modo di essere della nostra natura ed i suoi ritmi vitali... Lo conferma il fatto che, in Oriente, la più caratteristica preghiera della meditazione cristologica, quella centrata sulle parole: "Gesù, Cristo, Figlio di Dio, Signore, abbi pietà di me peccatore",(34) è tradizionalmente legata al ritmo del respiro, che, mentre favorisce la perseveranza nell'invocazione, assicura quasi una densità fisica al desiderio che Cristo diventi il respiro, l'anima e il "tutto" della vita».

28. La "tecnica" del Rosario può ricordare esperienze spirituali tipiche di altre tradizioni religiose, specialmente orientali. Tuttavia esso possiede caratteristiche specificamente cristiane. «In effetti, esso non è che *un metodo per contemplare.* Come metodo, va utilizzato in relazione al fine e non può diventare fine a se stesso... Proprio a questo mira l'integrazione, nel ciclo dei misteri, della nuova serie dei *mysteria lucis*, unitamente ad alcuni suggerimenti relativi alla recita che propongo in questa Lettera. Con essi, pur rispettando la struttura ampiamente consolidata di questa preghiera, vorrei aiutare i fedeli a comprenderla nei suoi risvolti simbolici, in sintonia con le esigenze della vita quotidiana. Senza questo, c'è il rischio che il Rosario non solo non produca gli effetti spirituali auspicati, ma persino che la corona, con la quale si è soliti recitarlo, finisca per essere sentita alla stregua di un amuleto o di un oggetto magico, con un radicale travisamento del suo senso e della sua funzione».

29. Il Santo Padre suggerisce di enunciare i misteri del Rosario accompagnandoli con icone che li raffigurino, per aiutare la concentrazione.

30. All'enunciazione del mistero è poi bene far seguire la proclamazione di un passo biblico corrispondente, da ascoltare con la certezza che è «Parola di Dio, pronunciata per l'oggi e "per me"». Nelle occasioni più solenni e comunitarie, questa parola può essere illustrata da un breve commento.

31. Poiché «*l'ascolto e la meditazione si nutrono di silenzio.* È opportuno che, dopo l'enunciazione del mistero e la proclamazione della Parola, per un congruo periodo di tempo ci si fermi a fissare lo sguardo sul mistero meditato, prima di iniziare la preghiera vocale». La pratica della meditazione ha bisogno di silenzio, bisogno tanto più pressante in una società, come la nostra, che rende il fare silenzio sempre più difficile.

32. Dopo l'ascolto della Parola e la focalizzazione del mistero l'animo deve innalzarsi verso il Padre. «Il *Padre nostro*, posto quasi come fondamento alla meditazione cristologico-mariana che si sviluppa attraverso la ripetizione dell'*Ave Maria*, rende la meditazione del mistero, anche quando è compiuta in solitudine, un'esperienza ecclesiale».

33. La recita delle dieci "Ave Maria", infine, costituisce l'elemento più corposo del Rosario e, di conseguenza, quello da comprendere meglio: il carattere mariano dell'Ave Maria non solo non si oppone a quello cristologico, ma anzi lo sottolinea e lo esalta. La prima parte è contemplazione adorante del mistero che si compie nella Vergine di Nazareth. La seconda è significativamente introdotta da un baricentro, il nome di Gesù, che costituisce pure l'aggancio al mistero di Cristo che si sta contemplando. Se la recita è frettolosa, questo aggancio può sfuggire, «ma è proprio dall'accento che si dà al nome di Gesù e al suo mistero che si contraddistingue una significativa e fruttuosa recita del Rosario. Già Paolo VI ricordò, nell'Esortazione apostolica *Marialis cultus*, l'uso praticato in alcune regioni di dar rilievo al nome di Cristo, aggiungendovi una clausola evocatrice del mistero che si sta meditando. È un uso lodevole, specie nella recita pubblica. Esso esprime con forza la fede cristologica, applicata ai diversi momenti della vita del Redentore. È *professione di fede* e, al tempo stesso, aiuto a tener desta la meditazione, consentendo di vivere la funzione assimilante, insita nella ripetizione dell'*Ave Maria*, rispetto al mistero di Cristo... Dallo specialissimo rapporto con Cristo, che fa di Maria la Madre di Dio, la *Theotòkos*, deriva, poi, la forza della supplica con la quale a Lei ci rivolgiamo nella seconda parte della preghiera, affidando alla sua materna intercessione la nostra vita e l'ora della nostra morte».

34. La via del Rosario ci conduce di fronte al mistero delle tre Persone divine da lodare, adorare, ringraziare. Questo avviene con il Gloria che, nella recita pubblica, potrebbe essere cantato. «Nella misura in cui la meditazione del mistero è stata attenta, profonda, ravvivata

TAVOLA IV

"Con Maria nella Trinità"
di ***Roberto Joppolo***

– di *Ave* in *Ave* – dall'amore per Cristo e per Maria, la glorificazione trinitaria ad ogni diecina, lungi dal ridursi ad una rapida conclusione, acquista il suo giusto tono contemplativo, come per elevare l'animo all'altezza del Paradiso e farci rivivere, in qualche modo, l'esperienza del Tabor, anticipazione della contemplazione futura: "È bello per noi stare qui" (*Lc* 9, 33)».

35. La pratica corrente del Rosario fa seguire alla dossologia trinitaria una giaculatoria. «Senza nulla togliere al valore di tali invocazioni, sembra opportuno rilevare che la contemplazione dei misteri potrà meglio esprimere tutta la sua fecondità, se si avrà cura di far sì che ciascun mistero si concluda *con una preghiera volta ad ottenere i frutti specifici della meditazione di quel mistero.* In questo modo il Rosario potrà esprimere con maggiore efficacia il suo legame con la vita cristiana...
Tale preghiera finale potrà ispirarsi, come già succede, a una legittima varietà. Il Rosario acquista in tal modo anche una fisionomia più adeguata alle varie tradizioni spirituali e alle varie comunità cristiane».

36. La corona, tradizionale strumento per la recita del Rosario, possiede un valore simbolico che giova alla meditazione. Essa converge verso il Crocifisso, che oltre ad aprire e chiudere il cammino dell'orazione fa capire che in Cristo si centra la vita e la preghiera dei credenti.

«Tutto parte da Lui, tutto tende a Lui, tutto, mediante Lui, nello Spirito Santo, giunge al Padre. In quanto strumento di conteggio, che scandisce l'avanzare della preghiera, la corona evoca l'incessante cammino della contemplazione e della perfezione cristiana. Il beato Bartolo Longo la vedeva anche come una "catena" che ci lega a Dio. Catena, sì, ma catena dolce; tale sempre si rivela il rapporto con un Dio che è Padre. Catena "filiale", che ci pone in sintonia con Maria, la "serva del Signore" (*Lc* 1, 38), e, in definitiva, con Cristo stesso, che, pur essendo Dio, si fece "servo" per amore nostro (*Fil* 2, 7).
Bello è anche estendere il significato simbolico della corona al nostro rapporto reciproco, ricordando con essa il vincolo di comunione e di fraternità che tutti ci lega in Cristo».

37. «La recita è poi conclusa con la preghiera secondo le intenzioni del Papa, per allargare lo sguardo di chi prega sull'ampio orizzonte delle necessità ecclesiali. È proprio per incoraggiare questa proiezione ecclesiale del Rosario che la Chiesa ha voluto arricchirlo di sante indulgenze per chi lo recita con le debite disposizioni. In effetti, se vissuto così, il Rosario diventa veramente un percorso spirituale, in cui Maria si fa madre, maestra, guida, e sostiene il fedele con la sua intercessione potente».

38. I contemplativi, gli ammalati, gli anziani spesso recitano il Rosario integralmente, ogni giorno.

La maggior parte delle persone, però, potrà recitarne solo una parte, dando così ad ogni giorno della settimana un suo particolare "colore" spirituale. «Secondo la prassi corrente, il lunedì e il giovedì sono dedicati ai "misteri della gioia", il martedì e il venerdì ai "misteri del dolore", il mercoledì, il sabato e la domenica ai "misteri della gloria". Dove inserire i "misteri della luce"? Considerando che i misteri gloriosi sono riproposti di seguito il sabato e la domenica e che il sabato è tradizionalmente un giorno a forte carattere mariano, sembra consigliabile spostare al sabato la seconda meditazione settimanale dei misteri gaudiosi, nei quali la presenza di Maria è più pronunciata. Il giovedì resta così libero proprio per la meditazione dei misteri della luce.
Questa indicazione non intende tuttavia limitare una conveniente libertà nella meditazione personale e comunitaria, a seconda delle esigenze spirituali e pastorali e soprattutto delle coincidenze liturgiche che possono suggerire opportuni adattamenti. Ciò che è veramente importante è che il Rosario sia sempre più concepito e sperimentato come itinerario contemplativo. Attraverso di esso, in modo complementare a quanto si compie nella Liturgia, la settimana del cristiano, incardinata sulla domenica, giorno della risurrezione, diventa un cammino attraverso i misteri della vita di Cristo, e questi si afferma, nella vita dei suoi discepoli, come Signore del tempo e della storia».

Conclusione

39. La Chiesa ha sempre riconosciuto al Rosario una particolare efficacia, affidando ad esso le cause più difficili. Come, al giorno d'oggi, quelle della pace nel mondo e della famiglia.

40. «Le difficoltà che l'orizzonte mondiale presenta in questo avvio di nuovo Millennio ci inducono a pensare che solo un intervento dall'Alto, capace di orientare i cuori di quanti vivono situazioni conflittuali e di quanti reggono le sorti delle Nazioni, può far sperare in un futuro meno oscuro... Il Rosario è *preghiera orientata per sua natura alla pace*, per il fatto stesso che consiste nella contemplazione di Cristo, Principe della pace e "nostra pace" (*Ef* 2,14). Chi assimila il mistero di Cristo – e il Rosario proprio a questo mira –, apprende il segreto della pace e ne fa un progetto di vita. Inoltre, in forza del suo carattere meditativo, con il tranquillo succedersi delle *Ave Maria*, il Rosario esercita sull'orante un'azione pacificante che lo dispone a ricevere e sperimentare nella profondità del suo essere e a diffondere intorno a sé quella pace vera che è dono speciale del Risorto (cfr. *Gv* 14, 27; 20, 21). È poi preghiera di pace anche per i frutti di carità che produce. Se ben recitato come vera preghiera meditativa, il Rosario, favorendo l'incontro con Cristo nei suoi misteri, non può non additare anche il volto di Cristo nei fratelli, specie in quelli più sofferenti... Insomma, mentre ci fa fissare gli occhi su Cristo, il Rosario ci rende anche costruttori della pace nel mondo».

41. Il Rosario è anche, da sempre, preghiera della famiglia e per la famiglia. Un tempo la recita comunitaria del rosario nelle famiglie ne favoriva la comunione. Questa forma di preghiera non deve essere dispersa. «Chiedo pertanto a quanti si dedicano alla pastorale delle famiglie di suggerire con convinzione la recita del Rosario. *La famiglia che prega unita, resta unita.* Il Santo Rosario, per antica tradizione, si presta particolarmente ad essere preghiera in cui la famiglia si ritrova. I singoli membri di essa, proprio gettando lo sguardo su Gesù, recuperano anche la capacità di guardarsi sempre nuovamente negli occhi, per comunicare, per solidarizzare, per perdonarsi scambievolmente, per ripartire con un patto di amore rinnovato dallo Spirito di Dio.

Molti problemi delle famiglie contemporanee, specie nelle società economicamente evolute, dipendono dal fatto che diventa sempre più difficile comunicare. Non si riesce a stare insieme, e magari i rari momenti dello stare insieme sono assorbiti dalle immagini di un televisore. Riprendere a recitare il Rosario in famiglia significa immettere nella vita quotidiana ben altre immagini, quelle del mistero che salva: l'immagine del Redentore, l'immagine della sua Madre Santissima. La famiglia che recita insieme il Rosario riproduce un po' il clima della casa di Nazareth: si pone Gesù al centro, si condividono con lui gioie e dolori, si mettono nelle sue mani bisogni e progetti, si attingono da lui la speranza e la forza per il cammino».

42. «Pregare col Rosario *per i figli*, e ancor più *con i*

TAVOLA V

"Il Rosario, catena d'amore e di pace"
di ***Roberto Joppolo***

figli, educandoli fin dai teneri anni a questo momento giornaliero di "sosta orante" della famiglia, non è, certo, la soluzione di ogni problema, ma è un aiuto spirituale da non sottovalutare. Si può obiettare che il Rosario appare preghiera poco adatta al gusto dei ragazzi e dei giovani d'oggi. Ma forse l'obiezione tiene conto di un modo di praticarlo spesso poco accurato. Del resto, fatta salva la sua struttura fondamentale, nulla vieta che per i ragazzi e i giovani la recita del Rosario – tanto in famiglia quanto nei gruppi – si arricchisca di opportuni accorgimenti simbolici e pratici, che ne favoriscano la comprensione e la valorizzazione. Perché non provarci? Una pastorale giovanile non rinunciataria, appassionata e creativa – le Giornate Mondiali della Gioventù me ne hanno dato la misura! – è capace di fare, con l'aiuto di Dio, cose davvero significative. Se il Rosario viene ben presentato, sono sicuro che i giovani stessi saranno capaci di sorprendere ancora una volta gli adulti, nel far propria questa preghiera e nel recitarla con l'entusiasmo tipico della loro età».

43. Una preghiera così facile e così ricca merita di essere riscoperta in questo anno dedicato proprio al Rosario. Tutti, dai Vescovi, ai sacerdoti, ai consacrati, ai laici, possono farsi promotori del Rosario divulgandone i fondamenti biblici, le ricchezze spirituali, la validità pastorale.

«Che questo mio appello non cada inascoltato! All'inizio del venticinquesimo anno di Pontificato, affido questa Lettera apostolica alle mani sapienti della Vergine Maria, *prostrandomi spiritualmente davanti alla sua immagine nello splendido santuario a Lei edificato dal beato Bartolo Longo*, apostolo del Rosario. Faccio volentieri mie le parole toccanti con le quali egli chiude la celebre *Supplica alla Regina del Santo Rosario*: "O Rosario benedetto di Maria, catena dolce che ci rannodi a Dio, vincolo di amore che ci unisci agli Angeli, torre di salvezza negli assalti dell'inferno, porto sicuro nel comune naufragio, noi non ti lasceremo mai più. Tu ci sarai conforto nell'ora dell'agonia. A te l'ultimo bacio della vita che si spegne. E l'ultimo accento delle nostre labbra sarà il nome tuo soave, o Regina del Rosario di Pompei, o Madre nostra cara, o Rifugio dei peccatori, o Sovrana consolatrice dei mesti. Sii ovunque benedetta, oggi e sempre, in terra e in cielo"».

Misteri Gaudiosi

- Annunciazione
- Visitazione
- Nascita di Gesù
- Presentazione al Tempio
- Ritrovamento di Gesù tra i Dottori

Tavola VI

"Annunciazione"
di ***Fernando Leal Audirac***

Annunciazione

"L'angelo Gabriele fu mandato da Dio in una città della Galilea, chiamata Nazareth, ad una vergine, promessa sposa di un uomo della casa di Davide, chiamato Giuseppe. La vergine si chiamava Maria" (Lc *1, 26-27).*

Il primo dei misteri della gioia della corona del Rosario ci porta col pensiero in una terra che allora era una provincia marginale e secondaria dell'Impero romano e, più precisamente, ci porta ad un villaggio fino allora sconosciuto: Nazareth.

Era un giorno come tanti altri.

La vita scorreva tranquilla e normale e forse piuttosto monotona a Nazareth, ma anche ad Atene (la capitale culturale del mondo di allora) ed a Roma (la capitale dell'impero più grande esistente in quell'epoca). Era un giorno uguale a tanti altri, in nulla dissimile; ma nel disegno di Dio, che abbraccia il tempo e l'eternità, era un giorno decisivo per il destino e la storia dell'umanità. Era giunta quella che san Paolo chiamerà: "la pienezza del tempo" *(Gal* 4,4*).*

L'arcangelo Gabriele porta alla Vergine Maria un

saluto inatteso e sorprendente: *"Ti saluto, o piena di grazia, il Signore è con te"*.

Maria è colta da grande stupore. Lei che è consapevole della sua piccolezza, della sua povertà e della sua incapacità umana, rimane sconvolta, e ancor più rimane stupita delle altre parole del messaggero divino: *"Hai trovato grazia presso Dio. Ecco concepirai un figlio, lo darai alla luce e lo chiamerai Gesù. Sarà grande e chiamato figlio dell'Altissimo"* (Lc *1, 31-21)*.

È questo certamente il più grande annuncio della storia. Maria si rende conto di aver udito qualche cosa di enorme, che le pone problemi sconfinati, che non riesce a comprendere e le sgorga spontanea la domanda: "Ma come è possibile? Come accadrà questo?".

È una domanda che non nasce dal dubbio, ma dal desiderio di capire la volontà di Dio, per seguirla.

L'angelo assicura Maria che la maternità avverrà per opera dello Spirito Santo, il quale scenderà su di lei, lasciando intatta la sua verginità.

E Maria dà il suo consenso, pronunciando il suo *"fiat": "Eccomi, sono la serva del Signore, avvenga di me quello che hai detto"* (Lc *1, 38)*.

Per realizzare il suo piano di salvezza dell'umanità, Dio ha voluto il libero consenso della Vergine Maria. In un certo senso, possiamo dire che lo ha condizionato a questo consenso, dato in piena libertà. San Bernardo di Chiaravalle, in uno dei suoi Sermoni, ha espresso in termini drammatici l'attesa di Dio e l'attesa dell'umanità nei riguardi del libero consenso della Vergine Maria, perché senza di esso Dio non ha voluto farsi uomo: "L'angelo aspetta – dice San Bernardo rivolgendosi a Maria – la tua risposta, perché è tempo per lui di ritornare presso Dio... Ecco colui che è atteso da tutti i popoli bussa alla tua porta... Alzati, affrettati, apri! Alzati nella fede, affrettati con la tua offerta, apri con il tuo assenso" *(In Laudibus Virginis Matris, Hom. IV, 8, SC 390,* p. 224-228*).*

Per creare l'uomo Dio ha chiesto consiglio a se stesso: *"Facciamo l'uomo a nostra immagine e somiglianza"* (Gen *1,26),* cioè ha agito da solo.

Per redimere l'umanità, Dio ha chiesto il consenso della Madonna. Ad una donna ha chiesto di rendersi liberamente disponibile al suo piano di salvezza. La sorte di tutti gli uomini e di tutte le donne è dipesa dal "sì" di una donna. Non si è trattato solo di accettare la maternità, ma di accettare tutto il progetto divino, fino al Calvario, dove la Madonna rimase in piedi, presso la croce.

Come ben sottolineato nella Costituzione dogmatica *Lumen Gentium,* "Maria non fu strumento meramente passivo nelle mani di Dio, ma cooperò alla salvezza degli esseri umani con libera fede e obbedienza" *(Lumen Gentium* 56*).*

E da quel momento Maria è coinvolta, per decisione di Dio, in un meraviglioso ruolo di collaborazione per la salvezza dell'umanità, mediante la redenzione operata da Cristo. Da quel giorno la storia del mondo è cambiata, perché il Figlio di Dio è entrato nella storia umana e si è fatto uomo.

Quel "sì" pronunciato da Maria fu, innanzi tutto, un atto di fede, prima ancora che un atto di obbedienza. Quel *"fiat"* fu un fidarsi di Dio: fu un mettere nelle mani di Dio la propria vita.

E la cugina Elisabetta, qualche giorno dopo, loderà proprio la fede di Maria. Le dirà: *"Beata te che hai creduto nell'adempimento delle parole del Signore"* (*cfr.* Lc *1, 45*).

Il *"fiat"* segna per Maria l'inizio di una nuova vita di fede, di un pellegrinaggio nella fede. La *Lumen Gentium* dirà che "la Beata Vergine avanzò nella peregrinazione della fede e serbò fedelmente la sua unione col Figlio fino alla croce" (*Lumen Gentium* 52).

Il grande problema del nostro tempo è la fede in Dio, la fede nella vocazione spirituale dell'uomo e della donna, la fede nella vita eterna.

Oggi la fede è messa a dura prova: stili di vita e correnti di pensiero la mettono in dubbio o addirittura la minano alle radici.

Maria è per noi modello e sostegno della nostra fede.

Anche per lei l'incontro con il mistero non è stato facile. Anche per lei l'abbandonarsi al disegno di Dio fu, umanamente, un salto nel buio.

Anch'ella ha condiviso la nostra condizione umana ed ha dovuto sperimentare "la notte oscura della fede". Anch'ella ha provato le difficoltà della fede, ma è rimasta fedele fino ai piedi della croce.

Nella Vergine Maria vi sono aspetti che la pongono ad una altezza per noi inaccessibile. Anche se tali privilegi (pienezza di grazia, maternità divina, assunzione al cielo...) le sono stati concessi in vista della sua missione materna nei riguardi di Cristo e di noi, sembrano allontanarla da noi. Invece la sua fede, le difficoltà che anche ella ha incontrato per credere, la avvicinano a noi.

Contemplando il mistero dell'Annunciazione noi apprendiamo che cosa significa credere e porre la propria fiducia in Dio, che ha guardato all'umiltà della sua serva e che depone i potenti dai troni e ascolta gli umili (cfr. *Lc* 1, 52).

In pari tempo, l'Annunciazione ci ricorda l'importanza della grazia di Dio. L'unico titolo di Maria che viene indicato nel racconto dell'Annunciazione è quello di "piena di grazia". Non sono pertanto le qualità umane che giustificano la scelta di Dio. Ciò che distingue la giovane donna di Nazareth e che conferisce un così straordinario valore alla sua vita è la grazia di cui è stata colmata. Le prime parole dell'angelo Gabriele: "Ti saluto, o piena di grazia", ci indicano che il nome della Beata Vergine all'anagrafe divina è proprio quello di: "Piena di grazia"!

Illuminante è anche il messaggio contenuto nelle parole: "Non temere, Maria, perché hai trovato grazia presso Dio" (*Lc* 1, 30). Il "trovare grazia presso Dio" non preoccupa eccessivamente la gente del nostro tempo. È il favore degli uomini che si cerca con ogni mezzo e ad ogni costo. Il grande insegnamento che ci viene dalla contemplazione di questo mistero va in senso opposto: ciò che più conta nella nostra vita è "trovare grazia presso Dio", accettando i disegni di Dio su di noi, convinti che il nostro destino è iscritto nella mente e nel cuore di Dio.

L'Annunciazione è un mistero che affascina e fa meditare. Esso ha commosso generazioni e generazioni di persone e continua a parlare a quanti il lunedì e il sabato recitano il Rosario con i misteri gaudiosi.

Giovanni Battista Card. Re
Prefetto della Congregazione per i Vescovi

TAVOLA VII

"Visitazione"
di ***Fernando Leal Audirac***

Visitazione

Una doppia "visitazione":
di Maria (con Gesù) a Elisabetta (con Giovanni)

In fretta...

La vecchia parente di Maria, Elisabetta, la sterile, era al suo sesto mese di gravidanza.

A Nazareth, prima di ritirarsi, l'Angelo dell'Annunciazione lo aveva detto a Maria. Non era stato, questo, un discreto invito ad andare da lei?

Maria parte subito, diretta ai monti della Giudea, *in fretta,* precisa San Luca. Nonostante che più di cento chilometri la separino dalla casa di Zaccaria. Davvero quest'adolescente ha un carattere molto risoluto. *Dio solo è mia Roccia, mia Salvezza, mia Fortezza: io non vacillerò mai* (Salmo 61, 2).

Come ci sarebbe piaciuto cogliere il suo vivo passo lungo il cammino! Maria porta il suo Bambino e si sente tutta portata da Lui. Egli la guida. E non ha ancora finito di condurla dove vuole. *Il Signore è il mio pastore: non manco di nulla. Per sentieri diritti mi guida, a causa del Suo Nome. Anche se avanzo per una valle oscura, non temerò alcun male, perché Lui è con me* (Salmo 22, 1-4).

All'arrivo è lei, la minore, che saluta Elisabetta.

Ed è veramente un saluto di Salvezza quello che le porta. Ma ha idea di quello che sta succedendo?

Nell'Annunciazione, fu nel volersi al servizio del Signore che ella divenne la Madre di Dio. Qui, è mettendosi al servizio di sua cugina che Maria diventa, per i suoi ospiti, il sacramento della grazia di Dio.

Badiamo bene: intorno a lei tutto sta per avvertire l'effetto della sua presenza.

Sii benedetta!

Ora, quando Elisabetta ebbe inteso il saluto di Maria, il suo bambino le sussultò nel grembo ed ella fu riempita di Spirito Santo. Allora, con voce forte, esclamò: "Sii benedetta, tu che superi tutte noialtre donne, *e sia benedetto il tuo Bambino,* che supera tutti i bambini! *Donde viene che la Madre del mio Signore mi visiti?"*

La Madonna aveva appreso dall'Angelo il segreto di Elisabetta; ma ella poteva credere che nessuno ancora conoscesse il suo. Viveva tutta concentrata sul *prodigio che l'Onnipotente aveva compiuto in lei.* Ma ecco che il suo segreto trabocca: è una nuova vita che sfugge da lei come un immenso fiume.

Indubbiamente, il nome dato dall'Angelo al suo *Gesù (Dio che salva)* è giusto. Questo nome rivela tutta la sua missione. E Maria si sente trascinata dalla sua maternità nella corrente di tale missione di soccorso, Ella vi mette tutta la sua anima che *magnifica il Signore ed esulta di gioia in Dio, suo Salvatore.* È con questa chiave d'interpretazione che bisogna meditare... e cantare il Magnificat!

La visita ad una parente anziana diventa il primo "ministero" di Maria. Ma più ancora, misteriosamente, rappresenta il primo ministero di Gesù appena concepito nel seno di sua madre: vicino a Giovanni, attraverso l'intermediazione di due donne incinte. Giovanni, per primo, ha trovato Gesù in Maria.

Osserviamo bene tutto questo per non dimenticare mai che, d'ora in poi, in ogni luogo in cui si accolga la Madonna, ella porta la grazia raggiante e salvificante di suo Figlio.

Il Signore è con Te, ha detto l'Angelo alla Vergine.

Servire i nostri fratelli e portargli il nostro tesoro

Tutto quel che ci arriva è un'annunciazione di Dio.

Così come ogni contatto con il nostro prossimo deve essere una visitazione in nome di Dio.

Quante volte, troppo preoccupati di noi stessi, dimentichiamo gli altri! Li dimentichiamo a causa delle nostre gioie. Li dimentichiamo a causa delle nostre pene. Abbiamo sempre delle ragioni per non "visitare" il nostro vicino in difficoltà, anche se ci sta accanto, sulla nostra strada, nel nostro paese.

E non accontentarsi di parole, ma offrirsi a un vero servizio.

Senza dubbio, ma quand'è che Dio ci chiede di aiutare il nostro fratello? È semplice. Per capirlo basta un indizio sempre sicuro: è ogni volta che ci mette in grado di farlo.

Non è tutto. Anche il Signore è con noi? Allora tutte le nostre visitazioni diventano sue visitazioni. Per donare il Cristo, bisogna portarlo nel cuore; ma se lo portiamo veramente, attraverso tutte le nostre opere Egli compirà la sua.

Lo abbiamo notato? Come l'Annunciazione si conclude con un invito tacito ad andare ad aiutare Elisabetta, così la Messa – dove il sacerdote ci ripete: *Il Signore sia con voi!* Dove lo riceviamo comunicandoci – termina con l'invito: "Andate, *Ite*...".

Chi riceve Dio, lo deve a un esempio senza pari e questo esempio ci rivela la legge comune ad ogni altra vita. È la visitazione cristiana di Maria in mezzo agli uomini. Di annunciazione in annunciazione: di visitazione in visitazione.

Roger Card. Etchegaray
Presidente emerito del Pontificio Consiglio della Giustizia e della Pace e del Pontificio Consiglio "Cor Unum"

TAVOLA VIII

"Nascita di Gesù"
di ***Fernando Leal Audirac***

Nascita di Gesù

Meditando questo terzo mistero gaudioso, la prima cosa che si presenta alla nostra attenzione è la grandezza e, al tempo stesso, la semplicità e la normalità con cui questo mistero si è manifestato nella storia.

La grandezza di questo mistero sta nel fatto che il bimbo nato a Betlemme è Dio che si è fatto uomo, il Creatore che si è fatto creatura.

È motivo di grande stupore rileggere quanto ci dice il Prologo del Vangelo di Giovanni: "*In principio era il Verbo il Verbo era presso Dio e il Verbo era Dio*" (1,1). Cristo è in primo luogo "Parola", cioè comunicazione, comunione. E lo è "da principio", da sempre. Cristo è Parola perché è "presso il Padre", orientato a Lui. Ci sembra di vedere il Figlio che ha sempre lo sguardo rivolto al Padre, è in piena sintonia con Lui, è tutto orientato a Lui. Non è subordinato al Padre, non gli è inferiore. La sua obbedienza nei confronti del Padre non comporta sottomissione, ma crea piena comunione. Infatti, il Verbo era Dio.

Quello che Cristo era da sempre nei confronti del Padre, lo manifesterà anche durante la sua vita terrena. Ricordiamo quando diceva: "Le opere che io compio non le compio da me stesso, ma è il Padre che le compie in me; le parole che annuncio non sono mie, ma è il Padre stesso che le pronuncia in me". Cristo fu veramente la trasparenza del Padre: "Chi vede me, vede il Padre; chi ascolta me, ascolta il Padre". Cristo fu il vero obbediente: colui che "presta ascolto" (dal latino: "ob-audire") al Padre.

Ecco perché "entrando nel mondo... venne per compiere la sua volontà" (*Ebr* 10, 5-7).

Colui che nasce a Betlemme non è un altro uomo, ma è colui che "in principio era il Verbo".

Non solo: colui che nascerà a Betlemme è anche colui che *"era in principio presso Dio: tutto è stato fatto per mezzo di Lui e senza di Lui niente è stato fatto di tutto ciò che esiste. In Lui era la vita e la vita era luce degli uomini..."* (*Gv* 1, 3-5). Cristo è il progetto in base al quale Dio Padre ha creato tutte le cose. Tutta la realtà, il mondo, la storia, gli uomini, dipendono da questa Parola. Tutto "è stato fatto", tutto è stato creato per mezzo di Cristo, Parola piena del Padre, progetto dell'amore del Padre.

Non è vero che la storia è senza senso; si sta realizzando un progetto. E questo è per noi motivo di consolazione, ma anche una responsabilità: o diamo il nostro apporto perché si realizzi nella nostra vita il progetto che è Cristo, o tutto perde senso, tutto si sfilaccia e diventa un mucchio di realtà scoordinate.

Colui che nasce a Betlemme non è un altro essere, è il Cristo Parola eterna del Padre, è il Cristo per mezzo del quale tutto è stato fatto e grazie al quale tutto esiste.

Nasce a Betlemme *"L'unigenito Figlio di Dio, nato*

dal Padre prima di tutti i secoli: Dio da Dio, luce da luce, Dio vero da Dio vero, generato non creato, della stessa sostanza del Padre, per mezzo del quale tutte le cose sono state create".

In cosa consiste l'incarnazione?

Ci risponde l'evangelista Giovanni: *"E il Verbo si fece carne e venne ad abitare in mezzo a noi; e noi vedemmo la sua gloria"* (1, 14).

Quel Cristo che prima "era", permaneva nella stessa esistenza tipica di Dio, esistenza che non conosceva limiti o mutamenti, ora invece "si fece carne", diventò una realtà umana. Cristo ha fatto proprio il divenire, il limite, la fragilità, la mortalità tipica dell'uomo. Non si limitò a farsi uomo, volle diventare "carne", volle cioè assumere la dimensione più fragile e più limitata dell'uomo.

Ora sappiamo che ogni uomo, anche il più piccolo, anche il più peccatore è ridiventato immagine di Dio. Cristo "venne ad abitare in mezzo a noi". L'incarnazione di Cristo ha come logica conseguenza che "Dio ha posto la sua dimora in mezzo a noi".

L'umanità è il luogo della presenza di Dio; il nostro corpo è la tenda in cui abita Dio. La nostra umanità è il tabernacolo di Dio. Abita in noi il Creatore che adoriamo.

Se vogliamo incontrarci con Dio, dobbiamo rientrare in noi stessi, il nostro corpo è la cella in cui rientrare per adorare la Parola che ci ha creato.

Tutto questo è accaduto nel modo più normale e semplice, come se si trattasse di una qualsiasi nascita umana: "Ora, mentre si trovavano in quel luogo, si compirono per Maria i giorni del parto. Diede alla luce il suo figlio primogenito, lo avvolse in fasce e lo depose in una mangiatoia, perché non c'era posto per loro nell'albergo" (*Lc* 2, 6- 7).

È veramente qualche cosa di inaudito, di incredibile, di inaspettato, qualche cosa che mente umana mai avrebbe pensato. Come può "il Verbo eterno del Padre, il Verbo per mezzo del quale tutto è stato fatto e tutto sussiste" essere partorito da una donna, essere avvolto in fasce ed essere deposto in una mangiatoia... perché non c'era posto per loro nell'albergo?

Eppure, tutto questo è veramente accaduto. È razionalmente incredibile raccordare il soggetto che viene generato con la modalità della nascita. L'eterno è avvolto in fasce; colui che i cieli non possono contenere è deposto in una mangiatoia!

Questo è realmente accaduto duemila anni fa, in un momento della storia e in una località ben precisi. Luca ci indica con esattezza le coordinate temporali e locali: quella nascita appartiene alla nostra storia, si inserisce nella esperienza dell'umanità. Non è un mito o una favola edificante. È un avvenimento reale e concreto. Si è compiuto in quel preciso momento della storia in cui l'imperatore romano Cesare Augusto aveva ordinato che si facesse il censimento di tutte le terre allora conosciute; Quirinio era governatore della Siria, e tutti si recavano alla città d'origine per farsi censire. Anche Giuseppe e Maria si recarono alla città di Betlemme, poco distante da Gerusalemme, in terra di Giudea.

Come si è fatto uomo? Nascendo, come ogni altro uomo, da una donna. Fin dal suo primo apparire in questo mondo ha voluto condividere in tutto la nostra condizione umana. Dio avrebbe potuto far nascere il Figlio Gesù dalla famiglia imperiale romana. Sarebbe stata comunque una incarnazione! Ma è evidente che un simile uomo sarebbe stato motivo di fierezza per i ricchi e i potenti, ma non avrebbe avuto nessun significato per i molti esseri umani che non sono né ricchi né potenti. Egli è nato da un famiglia normale, una famiglia del popolo, perché chiunque potesse riconoscersi in lui. A ben pensarci, Dio avrebbe potuto mandare suo Figlio già adulto. Anche in quel caso avremmo avuto una incarnazione. Ma Dio volle che nascesse come chiunque altro, bambino, fragile, bisognoso. Volle che suo Figlio Gesù facesse realmente l'esperienza dell'uomo, in tutti i suoi aspetti, affinché ogni uomo si sentisse compreso in tutti i suoi bisogni e si sentisse accolto nonostante tutti i suoi limiti.

È un mistero grande, incredibile per la sua tremenda semplicità.

Eppure l'evangelista Luca ci presenta un racconto che, dietro un linguaggio all'apparenza lineare e normale, nasconde una ricchezza di messaggi.

L'evento della nascita di Gesù è raccontato all'interno del censimento voluto da Cesare Augusto. *È un censimento che riguarda "tutta la terra"*, come se tutto il mondo fosse sotto il dominio dell'impero romano. E tutti i popoli si mettono in cammino per rispettare l'ordine impartito da Cesare Augusto.

Sullo sfondo di questa storia universale si inserisce la storia di Gesù. La storia umana è presentata nella linea dei potenti, nella linea della totalità dell'orbe e della totalità delle persone. Questo sembra essere l'avvenimento importante.

Ma l'evangelista ha uno sguardo diverso da quello

del cronista: c'è un netto contrasto tra il censimento universale del potente romano e questi *anawim* che provengono da Nazaret.

La storia dell'uomo ha un suo progetto. Eppure è visitata, sovvertita da Dio... il tempo, da storia puramente umana, sta diventando evento di salvezza. Nessuno avrebbe pensato che la storia si sarebbe divisa in "prima" e "dopo" questa nascita.

Maria dà alla luce il suo primogenito: Gesù è il primogenito, come Israele era il primogenito di Dio. Gesù è il primogenito di tutte le creature, il primogenito tra molti fratelli (*Rom* 8, 29), che saranno ormai figli di Dio. È il primo nato, il nuovo Adamo che svela pienamente l'uomo all'uomo e gli fa nota la sua altissima vocazione (*GS* 22).

È fasciato e deposto nella mangiatoia, poiché non vi era posto nella "sala comune dell'abitazione". Il bambino è avvolto in fasce: al pari di tutti noi, assume un modo di esistere, quello umano, soggetto a limiti, debolezza e destinato alla morte. La gloria è dentro l'umiltà; la divinità è dentro, nascosta nell'umanità.

Gli Angeli rappresentano i "primi evangelizzatori": la buona notizia viene dall'"alto", dalla sfera di Dio. Questo fa poca meraviglia; ciò che sorprende è che la notizia venga data a dei "pastori".

Una "pastorale" capovolta: Dio sceglie quelli che non contano nulla.

Questa scena è tutta *pregna di luce e di gloria, di angeli che cantano...* Eppure, "il segno" dato ai pastori è *"un bambino deposto nella mangiatoia".* Anche questo è un dato interessante: la bellezza è di scorgere la gloria nella carne, nella apparente debolezza della carne. Gli angeli oltre alla notizia, infatti, ne danno anche la spiegazione, dicono cioè chi sia questo "bambino"; egli è il Salvatore, Cristo, Signore. Questo è il lieto annunzio, questo è il Vangelo: per i pastori, per l'uomo emarginato, per qualunque uomo in qualunque situazione viene annunciata una grande gioia: è nato per loro, oggi, il Salvatore, il Cristo, il Signore.

Non è più Cesare Augusto il salvatore del mondo, ma Gesù nato a Betlemme; l'atteso delle genti è quel bambino appena nato; il Signore, il vincitore della morte è Colui che Dio ha fatto nascere per tutti.

Il segno, la dimostrazione, la prova della veracità di questo grande inaspettato annuncio che apre il cuore a tutta l'umanità e squarcia l'orizzonte della storia è un "bambino avvolto in fasce, deposto in una mangiatoia".

Questo è il grande mistero che ci lascia stupefatti e ci obbliga a prendere posizione, a domandarci con quale dio stiamo, quale progetto di vita intendiamo accogliere. L'Altissimo si è fatto piccolo. Colui che può tutto si è fatto bisognoso. L'Immortale si è fatto mortale. Con questo avvenimento Dio propone agli uomini una nuova visione della sua realtà. Gli uomini hanno in mente un Dio forte, maestoso, terribile, che incute terrore e paura. Ma questo non è il vero Dio. Eccolo qui il Dio vero, colui che si è manifestato in Gesù, il bimbo nato a Betlemme da Maria di Nazaret, debole, indifeso, tremante in una mangiatoia.

Se spezziamo questo legame tra il Bambino e il Signore, tra la povertà e la gloria, il Vangelo smarrisce il suo senso.

Un Mistero grande: il mistero dell'Amore di Dio che si fa piccolo per raggiungere gli uomini, coloro che lui ama. Infatti: "Per noi uomini e per la nostra salvezza discese dal cielo". Non ci sono altre motivazioni, ma solo la grande "passione" che Dio ha per l'uomo, solo il grande amore che ha per lui. Questo mistero ci rivela che Dio ha un solo desiderio nei riguardi dell'uomo: vuole che sia uomo, pienamente uomo, pienamente realizzato. Vuole per l'uomo la pienezza della vita, perché per questo l'ha creato. Non l'ha creato per la morte, ma perché abbia la vita e l'abbia in abbondanza.

Come il Santo Padre scrive nella Lettera Apostolica *Rosarium Virginis Mariae,* con il Rosario "il popolo cristiano si mette alla scuola di Maria, per lasciarsi introdurre alla contemplazione della bellezza del volto di Cristo e all'esperienza della profondità del suo amore" (*RVM* 1). È in sua compagnia che noi contempliamo i misteri del Cristo (cfr. *RVM* 13), è da lei che impariamo Cristo (cfr. *RVM* 14), è con lei che ci conformiamo a lui (cfr. *RVM* 14). Non possiamo allora, al termine di questa meditazione non volgere il nostro sguardo a Maria per apprendere un insegnamento importante, da lei che prima di tutti ha contemplato questo mistero, anzi non solo contemplato, ma vissuto, in prima persona, nel suo spirito e nella sua carne. Dal Vangelo di Luca apprendiamo che Maria è presente a tutti i fatti dell'infanzia di Gesù, ma senza dire una parola, come in ombra. Non è lei che occupa il posto più importante. Lei è lì, accanto al Figlio, ne condivide le situazioni e il destino, il rifiuto e l'accoglienza. Ma non è una presenza passiva, così infatti Luca scrive nel suo Vangelo alla fine di tutti i fatti accaduti alla nascita di Gesù: "Maria, da parte sua, serbava tutte queste cose meditandole nel suo cuore" (*Lc* 2, 19). Che cosa vuol dire questo?

Vuol dire che Maria metteva insieme i fatti che accadevano attorno a lei in quel momento particolare della sua vita, li collegava tra loro e ne sapeva cogliere il senso, ne scopriva il filo conduttore e la logica profonda che li univa. Fatti che avevano in sé una contraddizione. Le era stato annunciato e promesso che il bimbo nato da lei sarebbe stato grande, Figlio dell'Altissimo; che il Signore Dio gli avrebbe dato il trono di Davide suo padre e che avrebbe regnato sulla casa di Giacobbe e che il suo regno non avrebbe avuto fine (cfr. *Lc* 1, 32-33), e invece nulla di queste grandezze, non c'e una reggia, ma una stalla, ci sono pochi panni, una mangiatoia, un bimbo poverissimo. Grande il contrasto tra le solenni parole dell'angelo all'annunciazione e i fatti che ora vede. È il contrasto che c'è tra la gloria promessa: la gloria del Messia e del Figlio di Dio, e l'evento: un bimbo avvolto in fasce e deposto in una mangiatoia.

Lo stesso contrasto si ripete quando la gloria del Signore avvolge i pastori di luce (cfr. *Lc* 2, 9), raccontano a tutti le cose grandi che l'angelo ha loro rivelato del bambino.

Ma per Maria la gloria è fuori nella notte, lì con lei c'è solo un fragile bimbo deposto in una mangiatoia. Questo contrasto tra la gloria e la debolezza è lo spazio che apre a Maria il cammino della fede. Maria non capisce tutto fin dall'inizio, ma lei osserva, ascolta, medita e riflette fino a quando il senso di tutto quello che è accaduto sarà svelato. È il cammino di fede di Maria, non un cammino dalla non fede in Gesù Messia e Figlio di Dio alla fede, in lui, ma un cammino che la porta a comprendere quale Messia e quale Figlio di Dio è e sarà Gesù, il bimbo nato da lei. Il mistero del Natale di nostro Signore e l'esperienza di Maria coinvolta in prima persona in questo mistero ci invitano a continuare nel nostro cammino di fede per scoprire sempre più, come ha fatto lei, il vero volto di Gesù e al di là di questo il vero volto di Dio, perché solo lui Gesù è: "...l'immagine del Dio invisibile" (*Col* 1, 15). Incontreremo allora il volto di Dio traboccante di amore grande e gratuito per noi, questo sarà il volto di Dio che cambierà la nostra esistenza e questo sarà il volto di Dio che annunceremo ai nostri fratelli perché anche loro possano credere e passare così dalla morte alla vita e possedere questa vita in abbondanza.

Michael Michai Card. Kitbunchu
Arcivescovo di Bangkok in Thailandia

Tavola IX

"Presentazione al Tempio"
di ***Fernando Leal Audirac***

Presentazione al Tempio

La fedeltà alla tradizione e il rispetto degli anziani

Il mistero che meditiamo è tratto dal Vangelo di Luca, il solo a parlarne: *"Quando venne il giorno fissato dalla legge, i genitori di Gesù lo portarono a Gerusalemme..."* (*Lc* 2, 22). Si tratta della purificazione della madre. Ogni madre ne era obbligata; durante i quaranta giorni seguenti la nascita (ottanta se aveva dato alla luce una figlia), la giovane donna è considerata come impura. Cosa che le vieta, tra le altre cose, l'accesso al Tempio. Per purificarsi, ella deve condurre all'entrata del Tempio un agnello maschio che sarà interamente bruciato sull'altare e una colomba od una tortorella che verrà decapitata; se i genitori sono poveri (questo è stato il caso della giovane coppia), l'agnello può essere sostituito da un uccello. La giovane coppia approfitta di questa disposizione. Benché carpentiere, Giuseppe, economicamente, non doveva trovarsi in condizioni molto agevoli.

Ma a vedere le cose più da vicino, il rito della purificazione interessa poco l'evangelista. Molto meno della presentazione del bambino al Tempio, *"secondo quanto è scritto nella legge del Signore: ogni bambino primogenito sarà offerto in sacrificio al Signore"* (v. 23) e di ciò che accompagna questo rito: le profezie del vecchio Simeone, lo stesso al quale hanno affidato il figlio arrivando nel luogo sacro, e della profetessa Anna. Simeone, che del resto è stato avvertito direttamente dallo Spirito Santo (si noti che l'angelo Gabriele ed i suoi colleghi, che svolgono un ruolo non trascurabile nel racconto della nascita di Gesù, sono rimpiazzati, forse perché qui si tratta del Tempio, da uno più grande di loro), non dubita nemmeno per un istante di tenere tra le sue braccia il Messia; ora, dice in sostanza, io posso morire. Perché questo bambino è nato, *"luce per illuminare le nazioni"*. Un discorso, il suo, che stupisce, afferma San Luca, i genitori del bambino.

Simeone, che potremmo definire come l'incaricato di una missione da parte dello Spirito Santo, completa a suo modo l'annuncio fatto da Gabriele. Il bambino, dice a Maria, condurrà alla *"caduta e al rialzo di molti in Israele", sarà un "segno di profonda contraddizione" e "a te, una spada ti trapasserà l'anima"* (v. 33-34). Ecco avvertita Maria. L'angelo Gabriele non le aveva presentato che il lato luminoso dell'avvenimento.

Ma si può anche pensare che tutto questo racconto, dalla storia del censimento, è un *"theologoumeno"*, una specie di immagine destinata a far comprendere che Gesù è nato povero tra i poveri e non è stato riconosciuto al Tempio che da due anziani un po' marginali, in ogni caso senza autorità.

C'è là anche una donna molto anziana, Anna. San Luca precisa tutto il suo stato civile, come se l'avesse accompagnata quando si era fatta censire. È il solo personaggio del Vangelo sul quale sono riportate tante precisazioni: fa la profetessa di professione (cosa non rara nell'Israele dell'epoca), ha ottantaquattro anni, è stata sposata per sette, suo padre si chiamava Fanuele (che significa *"volto di Dio"*), apparteneva alla tribù di Asher. Un'abbondanza di dettagli che sorprende, tanto più che Anna non si rivolge né a Maria né a Giuseppe ma, avendoli incrociati, *"parlava del bambino a tutti coloro che attendevano la liberazione di Gerusalemme"*. Un punto ed è tutto. Tanti dettagli insoliti per arrivare a questa semplice frase, quale che sia il suo significato. Alcuni specialisti rispondono: osservate le cifre, che Luca ama molto. Il 7 sta per gli anni di matrimonio di Anna. Quanto agli anni di solitudine sono 84-7 = 77. Tanti anni quante le generazioni nel corso delle quali, sempre secondo San Luca, Israele, solitario in un mondo pagano, ha atteso il Cristo. Si può dissertare più a lungo su tutto ciò che possono significare questi incontri di anziani con il bambino. Le cifre offrono molte chiavi di lettura. Una volta di più, non siamo nel mondo della storia ma in quello del simbolo, che conduce ad una verità più profonda.

Questi anziani più o meno marginali a cui il bambino è presentato rappresentano, in questa occasione e per le generazioni a venire, tutti i poveri della terra a cui Dio si rivela nella sua semplicità. E i poveri aspettano sempre, come Simeone, il giorno della consolazione da parte del Signore. Dio va verso di loro, perché essi portano in loro la speranza e il desiderio di vederlo metter fine alla loro solitudine, al loro abbandono. Oggi più che mai, Dio va incontro a questi poveri: quelli delle nostre città, quelli dei nostri quartieri, quelli cui nessuno presta attenzione, i *"dannati della terra"*. Coloro la cui condizione li dispone a contare su Dio solo.

Che attenzione diamo noi agli anziani dei nostri villaggi, delle nostre case di riposo e dei nostri ospedali? Portano la speranza del mondo?

Vergine, obbediente ma sottomessa alla Legge

Di Maria, la giovane mamma, Luca ci dice che era obbediente. Per cinque volte viene evocata la Legge! *"I genitori lo portarono a Gerusalemme"*, e il vecchio Simeone *"lo prese tra le sue braccia"*. L'incarnazione era arrivata fino a quel punto, fino ad un bimbo di quaranta giorni cui si può fare quel che si vuole. L'evento inaudito del Natale ricade nell'ordinario. A volte, noi sogniamo di uscire dalla nostra vita modesta per viverne una straordinaria, e questa scena ci mostra una giovane coppia di piccoli artigiani che molto banalmente obbediscono alla Legge.

Ma quei tre cuori sono così straordinari da poter vivere umilmente un'avventura straordinaria: la salvezza del mondo comincia a giocarsi là. Davanti alla Santa Famiglia noi possiamo pensare con maggior calore alla nostra personale esistenza familiare. Soprattutto in questo momento in cui le famiglie sono sfasciate, minacciate dalle condizioni della vita moderna; la famiglia dipende meno dagli avvenimenti e dalle situazioni che dal nostro cuore.

Obbediscono. La presentazione al Tempio magnifica l'obbedienza. Maria e Giuseppe obbediscono alla Legge per essere in comunione con Dio. Noi, oggi, facciamo parecchi complimenti quando si tratta di obbedire o di formare la coscienza dei bambini all'obbedienza. Ma che faranno un domani se non sanno ascoltare Dio ed ascoltare dei superiori in qualsiasi lavoro o in qualsiasi gruppo?

Ci sono dei momenti in cui, certamente, bisogna saper dire no, ma sovente la nostra vita è tessuta da dei sì che possono essere molto semplici e lieti come i sì di Maria e di Giuseppe.

Di botto il mistero gaudioso si vela di tristezza: "*Il tuo cuore,* dice Simeone a Maria, *sarà trafitto*". Da che? Lo capiamo da quel che precede: "*Tuo figlio dividerà*". Molti Ebrei attendevano una salvezza globale, un po' meccanica, destinata al popolo intero. Non è questa la salvezza che sta per portare Gesù: ognuno dovrà decidersi, sarà una salvezza attraverso la fede in Gesù. Alcuni saranno a favore, la maggioranza contro, cosa che strazierà Maria.

Un'altra spada sta per trafiggerla: l'orribile sofferenza che la torturerà ai piedi della croce. Tuttavia ella resterà forte, in piedi. Ecco un coraggio che i genitori possono chiedere a Mamma-Maria: aiutarli a vivere le ore terribili.

Una sola frase punta il proiettore sulla vita di Gesù fino ai dodici anni in cui lo si ritroverà al Tempio: "*Il bambino cresceva, ricolmo di saggezza, e la grazia di Dio era su di lui*". Nella piccola casa di Nazareth, cresceva tra la cucina di sua madre e la bottega di suo padre putativo. Di nuovo, il mistero dell'evento straordinario nella più totale semplicità, silenzioso e nascosto.

Ma se lo paragoniamo a ciò che San Luca dice sull'infanzia di Giovanni Battista, si vede l'abisso. Giovanni pure cresceva e su di lui c'era la mano del Signore: ma Gesù è *"ricolmo di saggezza"*, espressione che indica il suo legame con lo Spirito. Gesù è interamente saggezza. Più che la mano del Signore è tutta la grazia, tutto il favore del Padre che è su di lui.

Che tutto ciò non ci spinga a rigettare, più o meno consciamente, il mistero e la legge dell'Incarnazione. Come tutte le mamme, Maria doveva insegnare molte cose al suo piccolo. Più attraverso il suo comportamento che con le parole, perché è una mamma silenziosa ed efficace. Più tardi, l'uomo di trent'anni che noi ammireremo avrà dei sentimenti e dei gesti presi da sua madre. È pensando a questo che i padri e le madri di oggi pregheranno la mamma Maria perché doni loro la finezza dell'amore attraverso la quale saper risvegliare in un bimbo tutto quel che di unico dorme in lui.

Christian Wiyghan Card. Tumi
Arcivescovo di Douala in Camerun

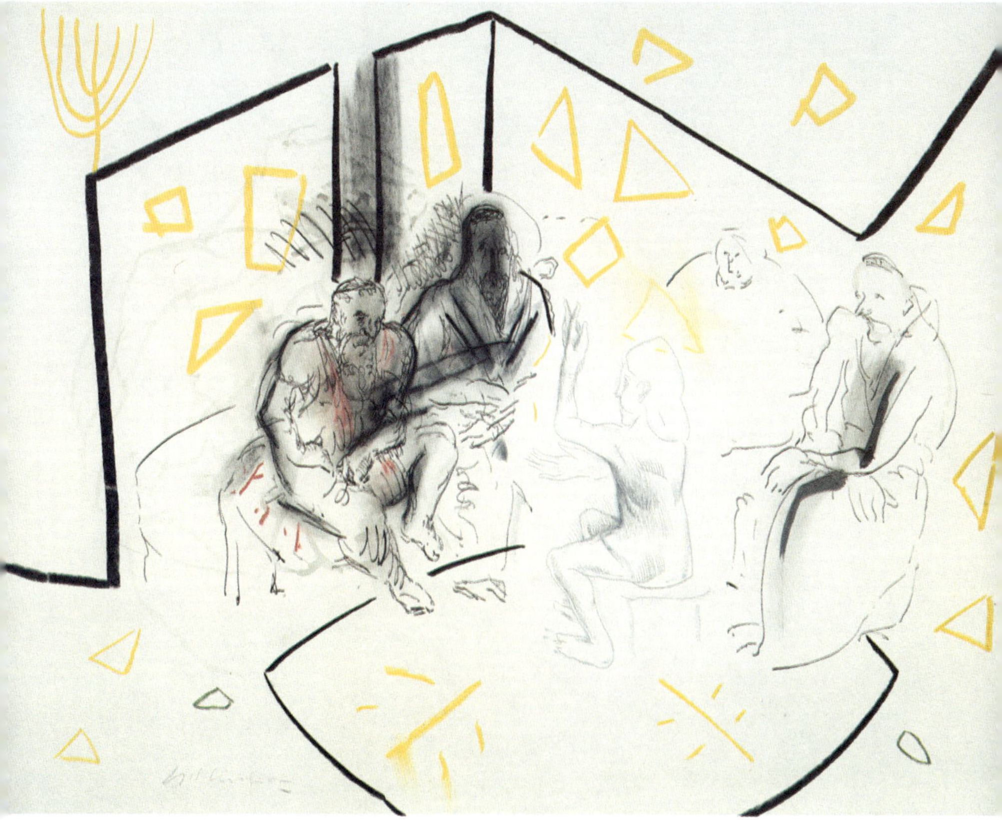

TAVOLA X

"Gesù nel Tempio"
di ***Fernando Leal Audirac***

Ritrovamento di Gesù tra i Dottori

I suoi genitori si recavano tutti gli anni a Gerusalemme per la festa di Pasqua. Quando egli ebbe dodici anni, vi salirono di nuovo secondo l'usanza; ma trascorsi i giorni della festa, mentre riprendevano la via del ritorno, il fanciullo Gesù rimase a Gerusalemme, senza che i genitori se ne accorgessero. Credendolo nella carovana, fecero una giornata di viaggio, e poi si misero a cercarlo tra i parenti e i conoscenti; non avendolo trovato, tornarono in cerca di lui a Gerusalemme. Dopo tre giorni lo trovarono nel tempio, seduto in mezzo ai dottori, mentre li ascoltava e li interrogava. E tutti quelli che l'udivano erano pieni di stupore per la sua intelligenza e le sue risposte. Al vederlo restarono stupiti e sua madre gli disse: "Figlio, perché ci hai fatto così? Ecco, tuo padre e io, angosciati, ti cercavamo". Ed egli rispose: "Perché mi cercavate? Non sapevate che io devo occuparmi delle cose del Padre mio?"[(*)]*. Ma essi non compresero le sue parole. Partì dunque con loro e tornò a Nazaret e stava loro sottomesso. Sua madre serbava tutte queste cose nel suo cuore. E Gesù cresceva in sapienza, età e grazia davanti a Dio e agli uomini* (Luca *2, 41-52*).

[(*)] Nota del traduttore: Nel testo biblico in lingua spagnola si legge: "¿No sabíais que yo debía *estar en la casa de mi Padre*?", traducendo verosimilmente dalla Vulgata il versetto "Nesciebatis quia *in his, quae Patris mei sunt, oportet me esse*?". Nel testo l'autore si riferisce alla "casa del Padre mio" anziché alle "cose del Padre mio".

1. La salita a Gerusalemme

I misteri gaudiosi si chiudono con la contemplazione di Gesù che sale con i suoi genitori in pellegrinaggio a Gerusalemme. È il quinto mistero, il mistero che ci parla della vita intima della Sacra Famiglia durante la gioventù di Cristo. Raccoglie l'unico episodio della vita di Cristo che si attua tra l'infanzia e la vita pubblica. Sono presenti il Figlio e i genitori. Salgono tutti e tre verso Gerusalemme per rendere culto al Signore e compiere la Legge. Salgono speranzosi, pieni di illusioni, con il volto splendente di gioia, come tante volte vediamo nei pellegrini che ancor oggi si recano con fede e confidenza a visitare il Santuario di Guadalupe sulla collina di Tepeyac.

Salgono a piedi, in lunghe giornate di marcia, stanchi, ma la stanchezza diviene offerta. Gesù aveva dodici anni. Secondo la religione giudaica era maggiorenne, però viveva soggetto ai genitori, obbediente. Manasse (cfr. *2 Re* 21, 1; *2 Cr* 33, 1) cominciò il suo regno alla stessa età, però a Gesù Cristo mancava ancora molto tempo prima di proclamarsi re. Nel frattempo, viveva la vita di una famiglia ordinaria, centrata nella propria fede e nella propria religiosità che alimentavano ogni minuto della loro esistenza umana.

Salgono a Gerusalemme per adorare Dio. Sono guidati dalla convinzione che Dio è l'unico Salvatore, colui che tolse il suo popolo dall'Egitto, dove era schiavo, e lo portò alla terra dove scorre latte e miele. Il re Geroboamo, volendo allontanare il popolo da Roboamo, un bel giorno, "preparò due vitelli d'oro e disse al popolo: «Siete andati troppo a Gerusalemme! Ecco, Israele, il tuo dio, che ti ha fatto uscire dal paese d'Egitto»" (*1 Re* 12, 28), però non riuscì mai a sradicare questa profonda convinzione del popolo ebreo che Dio era il suo liberatore. V'è un'Alleanza intoccabile tra Dio e il suo popolo. Loro sono il suo popolo ed Egli è il loro Dio.

Gesù, Giuseppe e Maria, forse l'unica famiglia che si cita incominciando dal Figlio, sale a Gerusalemme in obbedienza alla Legge. Salgono con povertà, con semplicità, sopportando disagi. Salgono con umiltà e con l'animo pieno di gratitudine verso Dio.

Arrivano al Tempio. Sicuramente destarono in loro stupore il fervore, la devozione, la grandezza, la preghiera e i sacrifici. Secondo la legge di Mosè (cfr. *Es* 23, 14-17; 34, 18-23; *Deut* 16, 1-17; *Lev* 23) tutti gli israeliti maschi, eccetto i minorenni, gli anziani, gl'infermi e gli schiavi, avevano l'obbligo di recarsi al Tempio tre volte all'anno: per la Pasqua, per la Pentecoste e per la festa dei tabernacoli o delle tende. Non era sufficiente andare, occorreva partecipare attivamente agli atti di culto. È vero che le donne non erano obbligate ad assistere, ma potevano farlo se desideravano. Il Vangelo non ci dice altro di più che salirono a compiere il precetto. Ci sarebbe piaciuto che avesse, inoltre, aggiunto come hanno vissuto quei giorni, con quale fervore, che impressione causò in Gesù Bambino tutta quella grandiosità, quelle dimostrazioni di massa di fede e di fiducia nel Dio dell'Alleanza. È la seconda volta che Gesù entra nel Tempio (cfr. *Lc* 2, 22), però questa è la prima volta che lo fa con piena coscienza umana, in cui vive i precetti della legge facendo proprie le tradizioni del suo popolo per ricordare il passaggio di Dio nelle loro vite. Certamente Gesù adora il Padre, gli rende grazie, chiede perdono per il peccato degli uomini e implora le grazie di cui gli uomini necessitano, ed è questo il senso di tutta la liturgia.

2. L'angoscia dei genitori

Giuseppe e Maria rincasano. Hanno adempiuto gli atti propri dei pellegrini, si sono accostati al Tempio per pregare, ciascuno per conto suo: uomini e donne. Sicuramente, Gesù sarà andato con gli uomini data la sua maggiore età, anche se, precisamente, stando nell'età di passaggio avrebbe potuto trovarsi con le donne. Perciò, ciascuno confida che il fanciullo stia con l'altro.

I pellegrini viaggiavano in gruppi numerosi per sentirsi più sicuri di fronte ai pericoli del viaggio, specie quello dei briganti. Perciò poteva capitare che i genitori non vedessero i propri figli per ore e senza preoccupazione potessero pensare che si trovavano nel gruppo. E fu questo che successe a Giuseppe e Maria. Solo sul far del giorno, dopo la prima giornata del cammino di ritorno, dopo inutili e angosciose ricerche, si resero conto che il figlio non era tornato con loro. "Dove sarà?": è la domanda piena di quell'afflizione propria dei genitori che hanno perso il loro figlio. I genitori di Gesù provano il dolore profondo di sapere che il loro figlio s'è perso. Tuttavia, nella stessa notte, li immaginiamo che rifanno la strada di un'intera giornata per ritornare alla Città di Davide, alla Città Santa, non già con la gioia dei pellegrini, bensì con quella preoccupazione dei genitori amorosi che sentono nel più profondo del cuore di aver smarrito il figlio. Sicuramente ciascuno aveva sentimenti di colpa e pensava che l'errore era stato suo. Perché non l'ho portato vicino a me, perché non sono stato più attento? Sono i pensieri dei genitori che sanno che l'unico figlio è al sicuro solo accanto a loro.

3. Gesù trovato tra i dottori

Giuseppe e Maria trovano Gesù il terzo giorno. Tre giorni di angoscia che preannunziavano simbolicamente l'attesa precedente la risurrezione. Gesù stava nel Tempio, inconsapevole dell'afflizione dei genitori. Lo trovarono in una delle sale del cortile esterno, dove i maestri di Israele impartivano le loro lezioni; probabilmente si trovava nella sinagoga presso il Tempio. Il fatto che si trovava "seduto in mezzo ai dottori", ascoltandoli e interrogandoli, dimostra che, nonostante contasse solo dodici anni, partecipava attivamente alle discussioni. Gli alunni delle scuole rabbiniche si sedevano per terra ai piedi dei maestri, ed era normale che lì formulassero domande, poiché ciò formava parte del metodo d'insegnamento proprio dei rabbini. Gli stranieri erano anch'essi ammessi a tali discussioni e ciò spiegava la naturalezza con cui Gesù è accettato in quel crocchio. Tuttavia, c'è qualcosa in Gesù che sorprende ed è la sua autorità nell'affrontare gli argomenti più complessi (cfr. *Mc* 1, 22), cosa impropria per un fanciullo della sua età. Le domande e risposte di quel fanciullo nazareno sorprendevano i maestri e gli alunni che quella mattina discutevano sul contenuto delle Sacre Scritture.

I genitori al vederlo si rallegrano. Il loro cuore riposa dall'angoscia delle ultime ore. La sorpresa di Giuseppe e Maria è sorpresa gioiosa per averlo trovato. La Madre, Maria, parla per prima, e le sue parole sono quasi un rimprovero, un rimbrotto. Nascono come espressione spontanea di un cuore pieno di dolore per l'angoscia che gli aveva procurato il Figlio. Il testo dell'evangelista appare ingenuamente esatto, senza riflessioni aggiunte né sfumature per addolcire l'effetto che avrebbe potuto produrre nel lettore questa maniera di svelare il cuore angosciato di una madre.

La risposta di Gesù ci pare molto dura per i suoi genitori, ma svela con chiarezza il giudizio e la coscienza che Gesù ha di sé stesso, a dodici anni, prima di cominciare la vita pubblica. Gesù risponde interrogando la madre, quasi dimostrandole che Ella deve essere sempre conscia della sua missione, della sua occulta identità di Messia. Dinnanzi al dovere di ubbidienza ai genitori, fondamentale nella cultura giudaica di allora, Gesù antepone un dovere superiore che è al di sopra di ogni altro dovere: l'ubbidienza al Padre suo.

Maria non comprende la risposta, perché non comprende che ci sia contrapposizione tra tali doveri, perch non c'è mai stata, né tanto meno era capitato ancora nella vita di Gesù: era stato sempre un bambino docile e obbediente. Inoltre, ciò che i genitori gli stanno chiedendo è qualcosa che si trova nella legge di Dio, che non urta con essa.

Si deve riflettere più profondamente sulla risposta di Gesù per capirla meglio. In essa egli si riferisce alla casa del suo Padre di cui si deve occupare. Dice "casa del Padre mio", però non sembra che il significato di tali parole si riducano al solo Tempio. Che cosa avrà voluto dire con questa frase: "stare nella casa del Padre mio"? È un enigma difficile da risolvere, tanto che sua Madre, secondo quanto ci dice l'Evangelista, non capì allora la risposta. È logico, in quel momento, neppure Maria poteva scoprire tutto il significato che oggi, dopo la risurrezione, è più chiaro per noi. V'è un elemento molto importante, soprattutto se teniamo conto che sono le prime parole di Gesù, ed è il fatto che si riferisce al tempio come la "casa del Padre mio". Sta chiamando Dio "Padre mio", non solo "Padre", ma "Padre mio". Questa è un'importante novità rispetto ad una tradizione storica molto radicata in Israele. Israele, popolo di Dio, si considera il figlio prediletto di Dio (cfr. *Es* 4, 22 e ss; *Num* 11, 12; *Dt* 32, 6 e 18; *Is* 63, 16; 64, 7; *Ger* 31, 9 e 20; *Os* 11, 1; *Ml* 1, 6; 2, 10), ma anche il re (cfr. *2 Sam* 7, 14, *Sal* 88 (89), 27 e ss) e, in senso proprio, il Messia, (cfr. *Sal* 2, 7) sono chiamati figli di Dio. È vero che più in là, in un contesto più influenzato dall'ellenismo, vi sono alcuni esempi in cui l'israelita pio chiama "Padre" Dio (cfr. *Sal* 72 (73), 15; *Sir* 51, 10; *Sap* 2, 13). Tuttavia il modo come Gesù, a dodici anni, chiama "Padre" Dio, e lo presenta in opposizione a Giuseppe, che Maria aveva nominato come suo padre, non hanno precedenti nell'Antico Testamento. Gesù non sta eseguendo in quel momento nessuna azione messianica, perciò è molto azzardato dire che vi è una affermazione del suo messianismo fin da allora. Si deve piuttosto vedere una autocoscienza del suo modo unico di essere figlio di Dio, il Figlio di Dio (cfr. *Gv* 5, 18).

E dopo sta il "debbo", che è la base dell'argomento con il quale Gesù giustifica l'essere rimasto nel Tempio. Sembra qualcosa in più che una semplice esigenza dell'amore al Padre suo celeste (cfr. *Sal* 26 (27), 4). No, il fanciullo, alla fin fine, dichiara di essere unito a Dio da un dovere speciale di obbedienza, dinanzi al quale pospone tutto, incluso il quarto comandamento del Decalogo, che impone il precetto positivo dell'obbedienza ai genitori. L'angoscia che ha procurato ai suoi genitori era inevitabile, Gesù stesso sta dichiarando per la prima volta che la sua filiazione divina e la sua missione sono così forti e radicate, che rompono perfino il legame naturale e umano con la sua famiglia (cfr. *Mc* 3, 31-35).

4. Continua la vita occulta

Il testo termina dicendo che Gesù tornò con i suoi genitori e stava loro sottomesso. È una felice fine ("happy end"), ma anche un inizio. Non si può dedurre che da allora, pentito di ciò che era appena capitato, Gesù abbia ubbidito ai suoi genitori. La frase non ha questo senso. Piuttosto, Gesù, in quel momento in cui già possiede piena coscienza e può decidere da se stesso, secondo le legge giudaiche, assume liberamente l'obbedienza ai genitori e la vita nascosta a Nazaret come parte della missione che il Padre gli ha affidato. E Gesù torna a nascondersi, ritorna al suo paesello, Nazaret, ove, per volontà propria, vuol essere dinnanzi al mondo il figlio di un carpentiere e condurre una vita ordinaria da onesto lavoratore (cfr. *Mc* 6, 1-6). Non era ancora giunta l'ora definitiva in cui il figlio, compiendo la volontà del Padre, verrà tolto alla Madre. Gesù è adesso il figlio amoroso di Maria e Giuseppe, che godrà per 30 anni di una serena vita familiare in cui regna l'amore. Questi trent'anni saranno per Gesù un periodo fecondo di crescita in tutti gli ambiti della vita. Gli serviranno per conoscere l'essere umano, per ricevere un'educazione completa, mentre la sua divinità nascosta continua il suo piano di amore agli uomini, ormai convertiti in fratelli suoi. Gesù cresce e si fa adulto agli occhi dei suoi paesani.

5. Riflessioni a partire dal cuore di Maria

Per meditare questo mistero, occorre fare lo sforzo di immettersi nel cuore materno di Maria, nei suoi sentimenti, nei suoi pensieri. Per Maria Santissima, Cristo è suo figlio, il suo bambino che si fa uomo, la carne e il frutto del suo ventre. Ormai sta crescendo ed Ella sa che un figlio non è mai una proprietà di sua madre, e giunge un momento in cui deve cominciare una vita propria. Maria sa che lo ha portato per nove mesi nel suo grembo, lo ha alimentato, però, al tempo stesso, sa che suo figlio è Dio, viene da Dio, è Figlio di Dio. Più di una volta lo avrà stretto tra le sue braccia e avrà detto: "Piccino mio"; però medita anche a partire dalla fede e pensa: "Dio è qui". Per tutti un fanciullo normale, svelto, vivace, però Ella sa che in lui si nasconde Dio.

Maria avrà vissuto quella sensazione di rispetto sacro al cospetto del figlio. Tutte le madri si sentono a tratti imprigionate dinanzi a questo pezzo della loro carne con vita propria, che è il loro figlio, e si sentono sbalordite di fronte a questa nuova vita che si è fatta con la loro vita e che possiede pensieri propri. Ma nessun fanciullo è stato più crudelmente e rapidamente strappato alla madre di questo, perché il bambino è Dio. In questo incontro a Gerusalemme, Maria trova suo figlio, ma al contempo prende coscienza che se n'è andato per sempre. Lo trova e lo perde di nuovo. Rimangono indietro molti momenti dolci, rapidi, sfuggevoli, in cui sente al medesimo tempo che Cristo è suo figlio, il suo piccino, e che è Dio. Quando lo guardava e pensava: "Questo Dio è mio figlio. Questa carne divina è mia carne. È stato fatto da me; ha i miei occhi e il tratto della sua bocca è come quello della mia; assomiglia a me. È Dio e assomiglia a me!" E a nessuna donna è toccata la ventura di avere Dio per lei sola; un Dio così piccolo che lo si può tenere tra le braccia e coprire di baci, un Dio così caloroso che sorride e respira, un Dio che si può toccare e che ride. E questo figlio si fa grande, e allora Maria si rende conto, adesso con più chiarezza, che lui non le appartiene, che non le è mai appartenuto. Ha una vita, una missione, un essere che la sorpassa. E Maria si converte in modello per tutte le madri che, a volte, considerano che il figlio è un diritto acquisito, una proprietà. Dice loro: "No, tuo figlio ti è stato dato da Dio, però ha una missione al cospetto di Dio e degli uomini, un destino eterno". Maria, insegnaci ad amare il tuo figlio.

Norberto Card. Rivera Carrera
Arcivescovo di Città del Messico

Misteri Luminosi

- Battesimo
- Autorivelazione alle nozze di Cana
- Annuncio del Regno di Dio
- Trasfigurazione
- Istituzione dell'Eucaristia

TAVOLA XI

“Battesimo di Cristo”
di ***Stephen Thomas Booth***

Battesimo

Il Rosario della Beata Vergine Maria

Per secoli la preghiera del Rosario si era snodata attorno alla serie tradizionale dei misteri gaudiosi, dolorosi e gloriosi. L'infanzia di Gesù, la sua Passione e Morte, la Risurrezione e Ascensione, col dono dello Spirito Santo e la partecipazione di Maria Santissima alla gloria del Figlio Risorto, avevano sostenuto la preghiera di intere generazioni in unione con la Madre del Signore. Qualcosa mancava: la contemplazione dei misteri della vita pubblica del Salvatore. Giovanni Paolo II, con un'iniziativa meravigliosa, ha rimediato alla lacuna. Nell'anno che ha voluto dedicare al Rosario della Beata Vergine Maria, quale sigillo del *Grande Giubileo* per il bimillenario della nascita di Cristo, ha istituito i misteri luminosi. Essi presentano cinque eventi della vita del Signore tratti dal tempo della predicazione messianica: il battesimo, le nozze di Cana, l'annunzio del Regno e l'appello alla conversione, la trasfigurazione, l'istituzione dell'Eucaristia.

L'immersione del popolo cristiano, sull'esempio e

in compagnia di Maria, nella vita del Signore attraverso la recita del Rosario si è così completata. Siamo molto grati al Papa per questo dono. Lasciandosi prendere per mano dalla Santa Vergine, in obbedienza al *Totus tuus* scelto come motto episcopale e pontificale, Egli trova modi sempre nuovi ed efficaci per avvicinare la Chiesa universale alla Madre, e attraverso di Lei al Figlio Divino, Gesù Cristo.

Il Rosario e la Chiesa Sira

Introdotto nella Chiesa siro-cattolica da tempo immemorabile, il Rosario è tuttora una consuetudine molto diffusa. Anche la festa liturgica della Madonna del Rosario è molto cara alla Chiesa sira perché legata ad eventi importanti della sua storia: tra i più significativi la liberazione dalla prigionia del Patriarca Cardinale Tappouni avvenuta il 7 ottobre 1917! Alla Madonna del Rosario è dedicata la Cattedrale siro-cattolica del Cairo, per questo, nel 1977, ho voluto che la mia intronizzazione episcopale in quella sede avvenisse il 7 ottobre. La nuova Cattedrale, sempre al Cairo, è stata consacrata nel 1983 durante i festeggiamenti in onore della Madonna del Rosario. Personalmente ho ricevuto il dono di un'educazione, fin dall'infanzia, alla recita quotidiana di questa preghiera ed innumerevoli sono i benefici ottenuti grazie alla intercessione della Santa Vergine. Non posso dimenticare, ad esempio, l'impegno profuso nel sensibilizzare la comunità per l'edificazione di un centro parrocchiale ad Heliopolis, alle porte del Cairo. La rispondenza dei fedeli fu entusiastica e consolante la raccolta dei fondi necessari. Ma sembrava impossibile ottenere il necessario decreto presidenziale per avviare i lavori. Quattro anni di tentativi senza alcun risultato, a tal punto che i benefattori mostravano di volere recuperare quanto destinato all'impresa. Ricordo la recita accorata del Rosario davanti alla grotta di Lourdes riprodotta nell'area a lato della Cattedrale, e il dialogo filiale con la Santa Vergine: "Madonna Santissima, vedi la situazione! Quattro anni di inutili tentativi per ottenere quel decreto... tutto sembra compromesso. Lavoriamo per il tuo onore! Mostrati benigna, Signora Immacolata, e intervieni!" E subito lo squillo del telefono, con una voce che annunciava di avere trovato una persona capace di venirci in aiuto. Quella persona, che ho subito contattato, riuscì ad aprire una via e l'autorizzazione finalmente giunse. Il centro è stato edificato con notevole beneficio pastorale. Ho sempre attribuito alla dolce intercessione della Madonna del Rosario questo favore!

Continui la Vergine Santa a tenerci per mano nel cammino verso Cristo. Solo nella sua "luce vediamo la luce".

Il Battesimo di Gesù: primo mistero luminoso

Concentriamo adesso il nostro sguardo sul primo mistero luminoso! Si tratta dell'Epifania vera e propria delle liturgie orientali. Festa di primaria importanza, già ricordata da Clemente Alessandrino alla fine del II secolo, essa esplicita e fa quasi esplodere la gioia natalizia nello splendore dei riti e in innumerevoli tradizioni popolari para-liturgiche e folcloristiche.

Tornano alla mia mente e al cuore le raffigurazioni della scena del Battesimo di Gesù che ornano in numero incalcolabile le Chiese cristiane di tutto il mondo in Oriente e in Occidente. Ho presenti le Chiese siro-cattoliche della Siria, del Libano, dell'Egitto, dove ho svolto il ministero sacerdotale ed episcopale; quelle che ho visitato come Patriarca in Iraq e in India, e in tanti paesi della diaspora (Canada, Stati Uniti, Sud America) dove sono crescenti le comunità orientali: ovunque il Battesimo di Gesù è solennemente richiamato per la centralità dell'evento che ci porta al cuore del mistero cristiano. Anche la cappella orientale del Palazzo del Bramante in via Conciliazione a Roma, sede della Congregazione per le Chiese Orientali, accanto alla graziosa iconostasi accoglie una bella raffigurazione del mistero del Battesimo.

L'invito a stendere queste riflessioni mi è giunto alla vigilia degli Esercizi Spirituali d'inizio Quaresima. Ad essi partecipa il Santo Padre, che invita i Collaboratori della Curia Romana ad unirsi in preghiera con Lui nella Cappella Redemptoris Mater del Palazzo Apostolico. È uno splendido spazio sacro che in occasione del cinquantesimo di sacerdozio di Sua Santità, quale dono del Collegio Cardinalizio, è stato completamente ornato a mosaico secondo la visione orientale del mistero cristiano. Era naturale per me fissare lo sguardo ripetutamente in quei giorni sulla raffigurazione del battesimo di Gesù. Essa orna con evidenza una delle pareti laterali e, con vigore espressivo carico di spiritualità e di fede, coinvolge chi guarda conducendo istintivamente lo spirito a scendere con Cristo nelle acque per ricordare la rinascita battesimale nel Suo Santo Spirito. Il Battesimo ci inserisce in Cristo Profeta, Sacerdote e Re, e nel Suo Corpo che è la Chiesa.

L'Epifania in alcune Chiese Orientali

Penso alle stupende rievocazioni del Battesimo di Gesù presenti nell'Oriente Cristiano. Offro solo due esempi.

Nel rito siro-antiocheno la festa è chiamata *Denho,* e significa *sorgere-irradiare.* La liturgia è molto solenne e alquanto graziosa la para-liturgia che la accompagna. Si sceglie, infatti, il "padrino" di Gesù in vista del suo Battesimo, al quale viene affidato un vaso, contenente l'acqua lustrale e sormontato da una croce coperta da un velo bianco. Lo attorniano gioiosamente tutti i bimbi vestiti di bianco, con ceri accesi, per festeggiare e ricordare il comune dono del battesimo.

Non è da meno la Chiesa Etiopica ed Eritrea di **rito gae'ez**. Ho avuto quest'anno la felice opportunità di visitare le comunità cattoliche orientali dei due Paesi in occasione della festa dell'Epifania chiamata "Timket". Ad Addis Abeba, nel pomeriggio della vigilia, una folla di oltre centomila persone ha composto una festosa processione cantando e pregando per ore, ed accompagnando i cosiddetti "Tabot" provenienti da varie parrocchie. Sono dei simboli dell'arca dell'alleanza attorno alla quale danzò il Re Davide. Giunta in un grande stadio della capitale, l'assemblea presieduta dal Patriarca Ortodosso, Sua Santità Paulos, ha commemorato il Battesimo di Gesù nella proclamazione della Scrittura e nella lode. La preghiera è continuata per tutta la notte nelle tende attorno all'acqua lustrale santificata dall'immersione della Santa Croce gloriosa. All'indomani ha luogo la Divina Liturgia conclusiva con l'aspersione di tutti i fedeli.

"Questo è il mio Figlio... ascoltatelo!"

La voce che riconosce e consacra il Figlio come Messia chiede l'ascolto. Non è richiesto un ascolto sterile, piuttosto un ascolto vero, capace di coinvolgere la vita e di generare la professione di fede.

La fede è sempre dono di grazia che Dio con interiore illuminazione fa sgorgare dal cuore credente. Ma è anche faticosa adesione della nostra debole libertà alla rivelazione che gli occhi della fede hanno intravisto.

Ci viene in aiuto lo Spirito del Signore, che chiede la nostra docilità. È ciò che ha fatto la Vergine Santa in tutta la sua vita. Lo Spirito Santo sembra presiedere nel silenzio la scena del Battesimo. Nella sua potenza il Figlio Divino è stato consacrato Messia e posto a guida dell'umanità. Meditando il Battesimo di Gesù con Maria dobbiamo tornare colmi di gratitudine alla prima effusione dello Spirito avvenuta nel Battesimo e promettere di "camminare secondo lo Spirito" per raccogliere frutti di vita eterna. Lo

Spirito ci renderà capaci, come è avvenuto per Giovanni Battista, di scorgere l'Agnello di Dio che toglie i peccati del mondo.

Il nostro battesimo: rinascita dall'Alto

Solitamente si attende l'Epifania per celebrare con particolare solennità il battesimo dei nuovi nati e ricordare il nostro battesimo, nuova nascita dall'Alto.

Nel conferimento del battesimo, la liturgia siro-antiochena prevede la proclamazione del brano evangelico di Nicodemo. L'evangelista Giovanni ci narra il dialogo che intercorre con il Signore sul tema della "nuova nascita", della "nascita dall'Alto". Gesù spiega la rinascita dall'acqua e dallo Spirito. È la nostra partecipazione al Battesimo di Gesù, profetizzato al Giordano e compiutosi nella Croce e nella Risurrezione. In Cristo siamo stati battezzati e di Lui siamo stati rivestiti. Al sacramento, che è dono di Dio, deve far seguito l'impegno di fede del cristiano che collabora all'opera di Dio. Il battesimo deve essere confermato dalla vita. Sì, è davvero così: la rinascita battesimale si compie una sola volta, ma l'essere cristiani implica la risposta di tutta la vita.

Ciò significa che abbiamo bisogno di una triplice trasformazione!

Potremmo dire, prima di tutto, a **livello della natura**. Dio è in noi sul piano naturale come Creatore e Signore Assoluto, e noi gli apparteniamo come creature che tutto debbono a Lui. Con la grazia battesimale Egli inserisce la vita divina in noi, e nel Figlio anche noi diventiamo figli dell'unico Padre misericordioso e benevolo.

Poi a **livello dello spirito**. La novità battesimale tocca l'uomo nella sua interiorità e lo illumina, offrendogli una nuova visione su Dio e sul mondo, su se stesso e sugli altri. L'irruzione dell'amore di Dio, della fede e della speranza sono come vino nuovo, che deve trovare otri nuovi e accoglienti! Uno spirito nuovo ci condurrà a prendere le distanze dallo spirito del mondo; rivestiti come siamo di Cristo, cercheremo di abbandonare l'abito vecchio. La rinascita dall'Alto porta con sé la scelta ineludibile tra la carne e lo spirito, tra la terra e il regno, tra il mondo e Cristo. E impareremo a scorgere nella Croce, ritenuta dal mondo scandalo e stoltezza, la sapienza e la potenza di Dio per noi! Interroghiamoci con verità: se siamo ancora chiusi nei principi del mondo, con le nostre mani abbiamo bloccato la nostra rinascita... e il Regno non ci sarà dato!

Ma c'è bisogno, infine, di una trasformazione a **livello del comportamento**. Rinascere dall'Alto vuol dire porre atti generati dallo Spirito. L'ascolto del Vangelo si impone per aderire al pensiero di Cristo sul perdono, sull'amore del prossimo, sull'abnegazione cristiana, sulla edificazione della pace, camminando nella pietà, nella fede, nella pazienza, nell'integrità del cuore e degli affetti, nell'obbedienza a Dio.

Se invece continuiamo a camminare nella negligenza, nell'indifferenza o nel vizio, possiamo dubitare della nostra autentica rinascita, non perché sia mancata la grazia divina, bensì per la nostra libertà malata che si è chiusa al dono!

È una trasformazione non facile! Esige prima di tutto il dono di Dio, lo Spirito Santo, da invocare incessantemente, e poi la nostra quotidiana adesione. Lo Spirito aprirà gli occhi dell'animo umano alla luce celeste. Lo Spirito farà dell'uomo naturale, un uomo spirituale secondo Cristo.

Ignace Moussa I Card. Daoud
Prefetto della Congregazione per le Chiese Orientali

TAVOLA XII

"Le nozze di Cana"
di ***Stephen Thomas Booth***

Autorivelazione alle nozze di Cana

La meditazione del secondo mistero della luce ci porta a contemplare Cristo che si rivela nella sua onnipotenza dinanzi ai discepoli. Lo scenario appare più suggestivo se si considera che tutte le nozze in Israele erano la celebrazione di un avvenimento della maggior importanza per la coppia e, inoltre, perpetuavano in una maniera analoga l'avvenimento chiave della storia di Israele: l'Alleanza del Sinai. Dio si sposava con Israele. Era come l'attualizzazione del ritornello di tutto il Vecchio Testamento: "Io sarò il vostro Dio e voi sarete il mio popolo".

Questa meditazione, a sua volta, ci porta a contemplare il rapporto tanto speciale tra Gesù e la sua Santissima Madre, iniziato con il sì di Maria e proseguito fino a trent'anni all'incirca. Di quel silenzio orante ci parla S. Luca nel descrivere Maria come colei che serba ogni cosa nel suo cuore. Ella diviene la Madre intercedente che induce il Figlio suo a cominciare la sua missione di salvezza.

Sono trascorsi pochi giorni da che era stato battezzato nel Giordano e il Padre lo aveva proclamato suo Figlio prediletto, e tre giorni da quando Gesù aveva invitato i suoi discepoli a seguirlo. La rete è lanciata e i primi discepoli cominciano il loro "seminario" con Gesù. Inizia il processo di formazione sostenuto dalla vita stessa del Maestro.

Incontriamo il Signore che assiste alle nozze di Cana di Galilea come un invitato qualunque, che condivide la gioia degli sposi e dei loro parenti e, ciononostante, sappiamo che la sua presenza va oltre. È la presenza di Dio stesso che benedice un atto che simboleggia, per gli sposi, la decisione di iniziare una comunione di amore e vita.

La Madre del Maestro è anche la Madre dei discepoli e Maria prolunga la formazione del suo Figlio nei suoi figli.

Maria, così come molti anni prima nei confronti di Elisabetta, è pronta ad aiutare nel bisogno. Per lei il fatto di essere invitata non la esime dal prestare una collaborazione generosa.

Soltanto chi entra nella cucina di una famiglia quando si celebra una festa, si accorge delle cose che mancano. Sempre occorrono alcune mani in più per servire, qualche piatto da lavare, una vivanda da curare. Particolarmente in queste nozze, si avvicina un problema serio: è finito il vino. Che vergogna per gli anfitrioni!

Non sappiamo se solamente i servitori soffrivano il problema, forse anche i genitori degli sposi o loro stessi. Sappiamo però che Maria, senza perdere la serenità, con piena fiducia nell'amore del suo Figlio va e gli dice semplicemente: "Non hanno più vino".

Gesù, consapevole delle consuetudini del suo popolo, avrà certamente capito la vergogna che ciò significava per i nuovi sposi e, ciononostante, con una risposta che sembrerebbe troppo fredda le dice: "Che ho da fare con te, o donna? Non è ancora giunta la mia ora".

Tuttavia, lei sa quel che sta chiedendo al suo Figlio. Gli chiede aiuto dinanzi ad un problema e spera. Ella, che serba nel suo cuore le parole dell'angelo Gabriele, confida nella misericordia di questo Figlio, che lei ha visto crescere a Nazaret.

Ella conosce il cuore del suo Figlio e perciò confida. In questo amore fiducioso in Gesù, l'ancella del Signore si attua, docile allo Spirito Santo che la ispira per essere ancora strumento della sua Grazia.

Gesù risponde a Maria che non è ancora arrivata la sua ora. La risposta tuttora ci risulta confusa. A che cosa si riferisce quando parla della sua ora?

Nella teologia di San Giovanni Evangelista, l'ora di Gesù è l'ora della sua manifestazione nella gloria.

Se la gloria di Dio sta in funzione del mostrare la sua immensa misericordia e il suo amore nei confronti dei suoi figli, anziché la sua onnipotenza, senza dubbio l'ora di Gesù è già arrivata. È l'ora di manifestare l'interesse di Dio, il suo profondo amore per gli uomini.

Uno sguardo s'incrocia tra Maria e suo Figlio. In questo sguardo è racchiusa non solo la mutua intesa ma anche la comprensione di Maria. Ella ha vissuto all'"ombra dell'Altissimo". Anch'ella ha conosciuto la Gloria di Dio.

Maria, la Madre, conosce pienamente suo Figlio e

riconosce in lui che il tempo è maturo per la sua manifestazione. Gesù comprende che la richiesta di Maria è un segno del Padre.

Nella risposta di Maria: "Fate quel che vi dirà", ci viene presentata in tutta la sua ampiezza la fiducia assoluta dei "Poveri di Iaveh". Maria non ha alcun potere in sé. Però la sua debolezza di donna, di madre, si trasforma in fortezza perché ella è la figlia fiduciosa che spera tutto dal Padre suo e sa che Egli non può mancare.

Quanto ci manca a volte questa certezza! Il passaggio dalla fede intellettuale alla fede esistenziale. È il gran salto nell'oscurità della nostra fede. È fiducia senza limiti. È abbandono senza limiti.

Forse ben poche persone si resero conto della sua richiesta. Ma se ne accorsero i discepoli del figlio suo.

Le giare per le purificazioni dei giudei erano di gran volume. Si calcola fossero di circa seicento litri cadauna.

Non erano giare per conservare il vino. Erano semplicemente questo: giare rituali e non otri vecchi che avevano invecchiato il vino della festa.

Le giare rituali ci sembrano esageratamente grandi, come esagerato è l'amore di Dio per le sue creature. Ma sembra anche esagerato il gesto di usare strumenti sacri per favorire un avvenimento di festività.

Il "Fate quel che vi dirà" ci sta invitando a superare i ritualismi ed entrare in una dimensione nuova della fede festosa. Della fede gaudiosa che si ricrea nel far prevalere la persona umana sui formalismi di qualunque religione.

Riempire le giare non era lavoro facile né qualcosa che potesse essere fatto da una o due persone.

L'invito di Gesù avrà certamente provocato qualche reazione perché riuscire a procurarsi tanta acqua, per dover riempire tante giare rituali proprio nel momento in cui non vengono direttamente usate, sembra bizzarro.

Gl'inservienti devono aver protestato, almeno mentalmente. Non facciamo noialtri lo stesso tante volte?

Quante volte mettiamo in questione le chiamate di Dio che ci invitano a riempire il vuoto del tempio dei nostri cuori, non con l'acqua rituale, bensì con il vino nuovo della gioia.

Ci succede lo stesso quando contempliamo tanta violenza e tanto dolore e si è invitati a sperare contro ogni speranza. Quando si è invitati a vivere la gioia dell'Alleanza con Dio, delle nostre nozze con Dio.

L'Evangelista ci dice che "così Gesú diede inizio ai suoi miracoli in Cana di Galilea, manifestò la sua gloria e i suoi discepoli credettero in lui." (*Gv* 2, 11).

I discepoli di Gesù furono testimoni del miracolo e senza dubbio lo commentarono tra di loro. Conoscitori delle Scritture, dovettero aver visto in questo primo miracolo la rivelazione di Gesù come il Messia promesso e credettero in Lui, così come ce lo dice l'Evangelista. In seguito loro stessi saranno testimoni dei miracoli che, quali segni già profetizzati, riveleranno più volte il Messia. Nulla ci viene detto sugli inservienti, e ciononostante, il miracolo non fu qualcosa di occulto, Gesù rivela sé stesso consapevole che, come nell'incarnazione, è la fiducia di sua Madre in Dio ciò che contrassegna l'arrivo della sua ora.

Maria, dopo questo momento, serba silenzio. Non si registra nemmeno un'altra sua parola nel Vangelo.

Gesù, che conosce sua Madre, è consapevole della sua gratitudine per l'aiuto offerto a chi ne aveva bisogno.

Ella, che è stata lo strumento affinché si avverasse il miracolo, rimane quasi nell'ombra. La gloria è per il Figlio, cui spetta; ella rimane l'ancella del Signore, strumento prezioso affinché l'amore di Dio per gli uomini si manifesti.

Per Lei, per la sua attenzione amorosa alle necessità di coloro che li attorniavano, che provoca la sua richiesta così semplice e fiduciosa a Gesù, Egli anticipa la sua ora e manifesta la sua gloria dianzi ai suoi primi discepoli che, da allora, credettero in Lui.

Maria è attenta alle necessità. Le presenta a suo Figlio e ci insegna un cammino sicuro per ricevere da Gesù le grazie di cui abbiamo bisogno.

Già sappiamo che il Signore Gesù è la Via, la Verità e la Vita. Già sappiamo che Egli è il cammino per giungere al Padre. Già sappiamo che quanto chiediamo al Padre nel suo Nome, Egli ce lo concederà.

Però Ella, come madre amorosa, nonostante le nostre ribellioni e caparbietà, non si tira indietro nel suo impegno di far sì che ascoltiamo Gesù, che ci decidiamo infine a far quel che "Lui ci dice".

E Maria, nel consegnarci il suo testamento in Cana, non tornerà a parlare, affinché ascoltiamo il Verbo, la Parola di Dio, e rendiamo possibile la speranza di essere liberati dalla servitù della corruzione per partecipare alla gloriosa libertà dei figli di Dio (*Rom* 8, 20-21).

Questa è l'immagine di Maria in Cana: serva della vita, dell'amore e della solidarietà. Donna di speranza che ci insegna ad ascoltare Dio.

Oscar Andrés Card. Rodríguez Maradiaga
Arcivescovo di Tegucigalpa in Honduras

TAVOLA XIII

"Annuncio del Regno di Dio"
di ***Stephen Thomas Booth***

Annuncio del Regno di Dio

I cinque misteri luminosi ci aiutano a riflettere su cinque momenti significativi avvenuti negli anni della vita pubblica di Cristo. Nel corso di quei soli tre anni, egli proclama il Vangelo del Regno di Dio. I misteri luminosi ci mostrano Cristo, che è la nostra luce e la luce del mondo (*Gv* 8, 12).

Ognuno di questi cinque misteri rivela il Regno che è ora presente nella persona stessa di Gesù. Al loro centro, con due che lo precedono e due che lo seguono, è il terzo mistero: l'annuncio del Regno di Dio, con l'invito alla conversione.

La predicazione della venuta del Regno

Il terzo mistero si incentra sulla predicazione con la quale Gesù proclama la venuta del Regno.

Dopo il suo Battesimo e la rivelazione di sé a Cana, Gesù esce allo scoperto. Dopo trent'anni di vita appartata e di anonimato, egli si fa avanti per portare a compimento il disegno di Dio.

Fondamentale in questo disegno è la venuta del

Regno di Dio. Gesù lo dice chiaramente già all'inizio del suo ministero: *Dopo che Giovanni fu arrestato, Gesù venne in Galilea, predicando il vangelo di Dio. Diceva: "Il tempo è compiuto e il Regno di Dio è giunto: convertitevi e credete al Vangelo"* (*Mc* 1, 14-15; anche in *Mt* 4, 17 e *Lc* 4, 43).

Dopo che Giovanni fu arrestato... un momento straordinario e pericolosissimo per uscire allo scoperto!

Con l'arresto, Giovanni il Battista era diventato un prigioniero politico, prima fatto scomparire e alla fine ucciso da Re Erode. È proprio questo il momento in cui Gesù decide di iniziare il proprio ministero. Fin dall'inizio, Gesù non sceglie la strada più facile. Egli sa che proclamare il Regno di Dio è rischioso. Lo era ai suoi tempi e lo è tuttora per noi.

I Vangeli sinottici mostrano che la preoccupazione principale di Gesù è quella di annunciare che il Regno di Dio (chiamato "il regno dei cieli" in Matteo) è vicino, dentro gli uomini e fra gli uomini.

Esso non è qualcosa lontano nel tempo che gli uomini devono aspettare, ma una realtà offerta da Dio, ora e sempre. Esso è raggiungibile da chi voglia accettarlo.

Nel Nuovo Testamento, il termine "Regno di Dio" compare più di 150 volte, in quasi due terzi dei casi nei Vangeli sinottici. L'analisi comprende anche l'uso in Matteo di un termine simile, il "regno dei cieli", in cui la parola "cieli" è probabilmente un eufemismo per "Dio". San Giovanni sostituisce la metafora con "vita" o "vita eterna", come in *Gv* 3, 13-16.

Il dominio o Regno di Dio viene citato in molti passi del Vecchio Testamento. Esso (insieme a "il dominio dei cieli") divenne un termine molto usato nella dottrina inter–testamentaria. Siccome gli evangelisti non hanno lasciato testimonianza di una sua ridefinizione da parte di Gesù, dobbiamo supporre che egli abbia usato il termine come esso veniva inteso all'epoca dalla gente. Per Gesù il Regno di Dio non è un luogo o una condizione al di fuori della Storia, accessibile solo dopo la morte. Egli ha parlato di un riordinamento di ogni aspetto della creazione, un rinnovamento del mondo affinché esso diventi ciò che Dio ha sempre voluto che fosse.

Gli uomini sono invitati a prendere parte a tale rinnovamento anche in maniera attiva con atti di fede, speranza e carità, resi possibili dal dono dello Spirito Santo da parte di Dio.

Rendere presente il Regno

Questo rinnovamento è stato reso visibile nel ministero di Gesù in pubblico, la fase della vita di Cristo su cui meditiamo contemplando i cinque misteri luminosi del Rosario.

Gesù non predica soltanto la venuta del Regno di Dio, ma lo rende anche presente per tutto il suo ministero. Due gesti di Gesù diventano caratteristici: la guarigione e il perdono. La prima porta alla salvezza, il secondo all'accettazione nel Regno. Entrambi segnalano che il Regno stesso è giunto.

Gesù collega esplicitamente il Regno di Dio alle guarigioni e agli esorcismi da lui effettuati. Per esempio, nella discussione con i Farisei che lo accusavano di avere scacciato dei demoni in virtù di Beelzebul, egli dichiara che i suoi poteri sono in virtù dello Spirito di Dio e che *realmente è giunto a voi il Regno di Dio* (*Mt* 12, 28).

Gesù dimostra che il Regno di Dio è per tutti rivolgendosi a coloro che stanno ai margini della società. Egli li avvicina, cena nelle loro case e li tratta da amici e da pari, facendoli sentire amati da Dio.

In Gesù vi è identità tra messaggio e messaggero. Egli proclama la buona novella del Regno di Dio con ciò che egli è, con l'identità fra il dire, il fare e l'essere.

Quando meditiamo sulla predicazione con la quale Gesù proclama nelle parole e nei fatti la venuta del Regno di Dio, siamo anche invitati a riflettere sulla natura di questo Regno. Gesù la indica con i suoi gesti di guarigione e di perdono, delineandola inoltre nelle parabole, che mostrano un mondo per molti versi alquanto diverso dal nostro.

La parabola degli operai nella vigna (*Mt* 20, 1-16) mostra la generosità di Dio. L'economia del Regno di Dio è basata sull'abbondanza, al contrario della moderna economia, basata invece sulla scarsità.

Quella del debitore inumano (*Mt* 18, 23-35) dimostra che la giustizia di Dio risana, al contrario dei nostri sistemi giudiziari che sono punitivi. Quelle del seme che germina (*Mc* 4, 26), del chicco di senape che è piccolo ma cresce molto (*Mt* 13, 31-32) e del lievito che fa fermentare tuta la massa (*Mt* 13, 33) mostrano che la potenza di Dio, pur vera ed efficace, non dà nell'occhio e trasforma: tutto il contrario del nostro mondo, dove spesso è il più forte a comandare.

Nel Regno di Dio ognuno è partecipe: Dio semina indiscriminatamente (*Lc* 8, 11) e il suo Regno è come una rete che raccoglie ogni genere di pesci (*Mt* 13, 47). In ciò esso è diverso dal mondo di oggi, in cui moltissime persone soffrono per discriminazione ed emarginazione.

La parabola dei talenti (*Mt* 25, 14-30) dice che il Regno di Dio invita alla partecipazione, al contrario di sistemi economici, sociali e politici in cui una minoranza dà ordini e la maggioranza non conta e non ha influenza.

Quelle del tesoro nascosto nel campo e della perla di gran valore (*Mt* 13, 44-45) vanno in senso opposto alla nostra cultura consumistica, con il suo messaggio che dice che più si ha meglio è. Per Gesù tutto ciò che dovrebbe davvero importare è trovare e realizzare il Regno di Dio.

Così la natura del Regno di Dio è in forte contrasto con lo status quo e con il modo in cui va avanti il mondo. Recitando il Rosario, noi liberiamo la mente e ci apriamo alla visione di Dio, alla realtà offertaci ora che "il tempo è compiuto".

Il Regno ci chiama alla conversione

Meditando sul terzo mistero luminoso, ricordiamo a noi stessi che Gesù ha collegato il Regno di Dio a un richiamo al pentimento: *Dopo che Giovanni fu arrestato, Gesù venne in Galilea, predicando il vangelo di Dio. Diceva: "Il tempo è compiuto e il Regno di Dio è giunto: convertitevi e credete al Vangelo"* (*Mc* 1, 14-15).

Le parabole indicano che il Regno di Dio richiede una prospettiva diversa, una conversione e una trasformazione. Questa trasformazione deve avere delle conseguenze per il cuore dell'uomo, ma anche sul modo in cui le società operano se queste vogliono somigliare a ciò che il Creatore ha in mente per l'intero creato.

Nella Bibbia il termine "pentimento" ha diversi significati, dal rammarico, al placarsi da parte di Dio, fino a un mutamento d'animo nell'uomo. Per quest'ultimo un tale mutamento richiede l'allontanarsi in tutto dal peccato e il volgersi verso Dio. Ciò che Gesù prevede è una ricostruzione completa di ogni cosa nel creato e nelle vicende umane, un ritornare al nostro giusto rapporto con Dio, nostro creatore.

Nel Nuovo Testamento il significato di "peccato" deriva dal Vecchio Testamento. In quest'ultimo il termine principale è "hatta", letteralmente "venire a mancare l'obiettivo". Nel greco del Nuovo Testamento, il termine più usato è "hamartia", che letteralmente significa "mancare il bersaglio". Peccando, noi manchiamo alle aspettative che Dio ha per noi e alla sua volontà.

Il peccato non riguarda soltanto l'individuo e il suo rapporto con Dio. La Chiesa parla anche di peccati sociali, cioè delle situazioni, strutture o istituzioni che si sono originate dal comportamento collettivo di certi gruppi sociali, grandi o piccoli che siano, o persino di intere nazioni o gruppi di nazioni. Essi sono il risultato dell'accumulo e della concentrazione di molti peccati personali. Le scelte colpevoli degli individui, se tollerati dalle società in cui viviamo, possono diventare comportamenti accettabili, tanto accettabili che noi all'interno di queste società non ne notiamo più la stortura morale.

Quando recitiamo il Rosario e pensiamo al Regno

e al bisogno di pentirsi, diventa particolarmente appropriato riflettere non solo sui nostri peccati individuali, ma anche su quelli sociali.

Il Rosario è spesso la preghiera sia della casa che della comunità. Tradizionalmente veniva recitato ogni giorno dalle famiglie e dalle comunità religiose. Dalla metà del XV secolo si iniziano a formare dei gruppi di Rosario che si incontrano per pregare insieme. Questa pratica è tuttora attuale nel mio paese d'origine, la Nuova Zelanda/Aotaroa*, specialmente fra i maori e le comunità cattoliche del Pacifico. Il Rosario è dunque profondamente associato con la comunità, una preghiera che condividiamo con altri.

Tuttavia, anche se parliamo di peccati sociali, non dobbiamo dimenticare che il peccato, nel senso proprio della parola, è sempre un atto individuale. Al centro di ogni struttura di peccato, sociale o meno, ci sono sempre persone che peccano: persone che hanno la possibilità di evitare, eliminare o almeno limitare certi mali della società, ma non lo fanno per pigrizia, paura, indifferenza o disperazione.

Il Regno e la misericordia di Dio

Meditare sul Regno e su quanto noi, personalmente e come comunità, veniamo meno ai suoi requisiti potrebbe portarci alla disperazione per la distanza fra la nostra realtà e il Regno Stesso.

Tuttavia, il Gesù che annuncia il Regno di Dio e

---

*Quest'ultimo è il nome Maori del paese, ufficiale al pari di quello inglese "New Zealand" *(n.d.t.)*.

che chiama alla conversione è anche il Gesù che "[rimette] i peccati di chi si accosta a Lui con umile fiducia (cfr. *Mc* 2, 3-13; *Lc* 7, 47-48)" (*Rosarium Virginis Marie,* 21). Gesù ha il potere di perdonare. Egli non condona il peccato, ma ama il peccatore.

Nel corso del suo ministero, egli ha dato inizio a un "ministero di misericordia che Egli continuerà ad esercitare fino alla fine del mondo, specie attraverso il sacramento della Riconciliazione affidato alla sua Chiesa (cfr. *Gv* 20, 22-23)" (*Rosarium Virginis Marie,* 21). Gesù non solo ha proclamato il Regno, ma egli stesso è l'Unto, il Messia, il Figlio di Davide e il figlio di Dio.

Anche se non è né coincidente con il Regno, né a esso limitata, la Chiesa (che è il Corpo di Cristo) ne è seme, segno e strumento. A essa è stato affidato il Sacramento di Riconciliazione, in cui noi ci gettiamo verso Dio come bambini impazienti. Il pentimento è uno stato di abbandono, con mani e cuori aperti; è dare a Dio tutto ciò che siamo, specialmente le cose che invece vorremmo nascondere nelle tenebre. Invece le portiamo alla luce di Dio e nel momento in cui riconosciamo la nostra vacuità possiamo riconoscere la nostra pienezza in Cristo. Meditando sul terzo mistero luminoso ci offriamo a Gesù Cristo nella nostra vacuità e lasciamo che lui ci riempia con la potenza del suo Spirito. Nel riconoscere davvero la nostra povertà raggiungiamo una consapevolezza delle ricchezze che possediamo in Gesù; nel comprendere le tenebre che sono in noi accettiamo la sua luce.

Il compimento del Regno

I primi discepoli riconoscono che il Regno di Dio

inizia in Gesù risorto e che esso si insedia negli uomini e nel mondo tramite una misteriosa connessione con il Signore. Dopo la morte e risurrezione di Gesù, gli apostoli predicano "la buona novella del Regno di Dio e del nome di Gesù Cristo" (*At* 8, 12). Dalla sua casa di Roma, poi, San Paolo proclama "il Vangelo del Regno e [insegna] le cose riguardanti il Signore Gesù Cristo con piena libertà e senza ostacoli" (*At* 28, 31).

Il Regno di Dio riguarda tutti. L'invito a esserne parte è rivolto a chiunque. Sappiamo però che esso non è qualcosa che si riferisce puramente al progresso terreno: è impossibile ridurre il senso del Regno di Dio a un'utopia di prosperità e pace nel mondo.

Lavorare per il Regno significa promuovere l'attività di Dio, che infonde e trasforma la storia umana. Significa operare per la liberazione dal male in tutte le sue forme e per la realizzazione del disegno di Dio. Come ha scritto Papa Giovanni Paolo II, "il regno riguarda tutti: le persone, la società, il mondo intero. Lavorare per il regno vuol dire riconoscere e favorire il dinamismo divino, che è presente nella storia umana e la trasforma. Costruire il regno vuol dire lavorare per la liberazione dal male in tutte le sue forme. In sintesi, il regno di Dio è la manifestazione e l'attuazione del suo disegno di salvezza in tutta la sua pienezza" (*Redemptoris Missio,* 15).

Gesù ha insegnato ai suoi seguaci a pregare per la venuta del Regno di Dio; l'invito a esserne parte non può non influire sul modo in cui mettiamo in relazione le nostre vite a ciò che accade nel mondo, sia nella sfera pubblica che in quella privata. Il Regno di Dio non è una dottrina; è prima di tutto una persona con il nome e il volto di Gesù di Nazareth, l'immagine del Dio invisibile. Il Regno è incentrato su Cristo ed è intimamente legato con Colui che è stato inviato. Se venisse separato da Gesù, non sarebbe più il Regno di Dio.

Pregare con il terzo mistero luminoso ci fa meditare sul ministero di Gesù. Egli ha proclamato la venuta del Regno, chiamandoci alla conversione e offrendoci la sua misericordia. È in Gesù che il Regno è diventato visibile ed è nel Cristo risorto che il Regno si compie.

Meditando sul terzo mistero luminoso veniamo consolati nella consapevolezza che il Regno di Dio è già misteriosamente presente tra noi. Si avvererà pienamente alla fine dei tempi, quando il Figlio consegnerà tutto al padre. Noi non siamo in grado di portarlo a compimento da soli. Le nostre opere sono sempre ispirate e sostenute dallo Spirito di Dio che opera in noi. Ecco perché una definizione del Regno di Dio è "l'insieme di coloro che agiscono nella potenza dello Spirito Santo".

Thomas Stafford Card. Williams
Arcivescovo di Wellington in Nuova Zelanda

TAVOLA XIV

"Trasfigurazione"
di ***Stephen Thomas Booth***

Trasfigurazione

Dei cinque misteri di luce, la trasfigurazione è il più luminoso. Iniziamo con il resoconto del Vangelo.

1. Il Vangelo

Gesù prese con sé Pietro, Giacomo e Giovanni, i tre suoi apostoli che a volte sceglieva per alcune occasioni speciali. Con loro andò a pregare su un alto monte, che la tradizione identifica come Monte Tabor.

Mentre pregavano, egli si trasfigurò. Il suo viso diventò splendido come il sole e le sue vesti candide come la luce, candide come nessun lavandaio sulla terra avrebbe potuto rendere.

Mosè ed Elia apparvero nella gloria e si misero a conversare con Gesù, parlando del suo esodo che stava per compiersi a Gerusalemme. Pietro e i suoi compagni erano oppressi dal sonno, ma restarono svegli e videro la sua gloria, nonché Mose ed Elia. Quando questi si separarono da lui, Pietro gli disse:

"Maestro, è bello per noi stare qui. Faremo tre tende, una per te, una per Mosè e una per Elia". Egli non sapeva quel che diceva, perché era stato preso dal timore.

Allora comparve una nuvola che li avvolse con la sua ombra e dalla nuvola si sentì una voce: "Questi è il mio figlio diletto. Ascoltatelo!". Appena la voce cessò, Gesù restò solo. (cfr. *Mt* 17, 1-3; *Mc* 9, 2-13; *Lc* 9, 28-36; *2 Pt* 1, 16-18).

2. Il contesto

Tutti e tre i Vangeli sinottici descrivono accuratamente il contesto nel quale questa misteriosa manifestazione avvenne. Pietro aveva fatto la sua cruciale professione di fede in Gesù come "il Cristo, il Figlio del Dio vivente" (*Mt* 16, 16). Gesù aveva lodato tale fede e poi aveva profetizzato per la prima volta la sua imminente passione: avrebbe dovuto recarsi a Gerusalemme per soffrire terribilmente a opera degli Anziani, dei Sommi Sacerdoti e degli Scribi, per poi essere messo a morte e risuscitare il terzo giorno. Pietro non accettava che il suo Maestro dovesse soffrire tanto e tentò di dissuaderlo, ma Gesù lo rimproverò e poi disse agli Apostoli che chiunque avesse voluto essere suo discepolo avrebbe dovuto prendere la propria croce e seguirlo (cfr. *Mt* 16, 13-26; *Mc* 8, 27-38; *Lc* 9, 18-26).

A tutti gli Apostoli, non solo a Pietro, occorreva una fede più profonda in Gesù. In particolare era importante che capissero il ruolo della croce nel disegno divino per la nostra salvezza e che la straziante passione di Gesù il Venerdì Santo non avrebbe dovuto far vacillare la loro fede nella divinità e nella messianicità di Gesù.

3. Il messaggio del mistero

Il mistero della trasfigurazione rassicura Pietro e gli altri Apostoli sulla correttezza di quella professione di fede nella divinità di Cristo. Gesù è la Seconda Persona della Santissima Trinità, quella che ha assunto natura umana. Egli è il Figlio in cui il Padre (la voce dalla nuvola) si è compiaciuto. Lo Spirito Santo fa da testimone attraverso la nuvola. Per un istante Gesù Cristo, il Figlio di Dio, solleva il velo e lascia che gli Apostoli vedano il suo splendore.

La trasfigurazione rivela anche che Gesù dovrà sopportare la Via Crucis a Gerusalemme per "entrare nella sua gloria", come il Cristo risorto avrebbe spiegato ai due discepoli sulla strada di Emmaus (cfr. *Lc* 24, 26). Mosè ed Elia vedono la gloria di Dio sul monte. La Legge e i Profeti hanno annunciato che il Messia avrebbe sofferto (cfr. *Is* 53, 1-12; *Lc* 24, 27). La passione di Cristo è volontà del Padre. È per questo che la liturgia bizantina nella Festa della Trasfigurazione canta: "Tu ti sei trasfigurato sul monte, e, nella misura in cui ne erano capaci, i tuoi discepoli hanno contemplato la tua gloria, Cristo Dio, affinché, quando ti avrebbero visto crocifisso, comprendessero che la tua passione era volontaria ed annunziassero al mondo che tu sei veramente l'irradiazione del Padre" (*Kontakion*, citato ne *Il Catechismo della Chiesa Cattolica*, 555).

La lezione della Trasfigurazione diventa chiara agli Apostoli solo dopo la Pentecoste. Gesù aveva promesso che lo Spirito Santo, il Paraclito, avrebbe insegnato loro tutto e ricordato loro le sue parole (cfr. *Gv* 14, 26). Quando lo Spirito della verità discende sugli Apostoli, essi comprendono che l'atroce Passione del Venerdì Santo è stata il modo scelto da Dio per la redenzione dell'Umanità e che Gesù l'ha accettata liberamente per amore del suo padre Eterno e per la nostra salvezza. La loro fede in Cristo, il Figlio del Dio vivente, viene confermata. La loro testimonianza apostolica della divinità di Cristo e della redenzione viene così portata con risoluta credibilità. San Pietro testimonia: "[...] Siamo stati [...] testimoni oculari della sua grandezza. Poiché egli ricevette onore e gloria da Dio Padre quando, da parte di quella stessa gloria sublime, gli fu rivolta una voce che diceva: 'Il Figlio mio, l'amato, è costui e io in lui mi sono compiaciuto'. Questa voce noi la udimmo rivolta dal cielo, quando stavamo con lui sul monte santo" (*2 Pt* 1, 16-18).

La grande importanza della Trasfigurazione nella rivelazione di sé di Gesù e nella sua formazione degli Apostoli è sottolineata dalla manifestazione Trinitaria. Come nota San Tommaso D'Aquino: "Tutta la Trinità apparve: il Padre nella voce; il Figlio nell'uomo; lo Spirito nella nuvola splendente" (III, 4, ad 2).

4. La lezione del mistero per ognuno di noi

Mentre riflettiamo su questo mistero luminoso, non possiamo fare a meno di pregare che lo splendore di Cristo possa rifulgere su di noi, illuminarci, dissipare le tenebre in noi, rafforzare la nostra fede nella sua divinità e incoraggiarci a prendere la nostra croce e seguire il Maestro.

Non c'è forse in ognuno di noi, in certi momenti della nostra vita, un desiderio di arrivare alle glorie della Pasqua senza le sofferenze del Venerdì Santo? Quando dobbiamo affrontare battute d'arresto, delusioni, ostacoli imprevisti e dolore nelle sue molteplici forme, non siamo a volte tentati di pensare che Dio ci abbia abbandonato? Pregando, non diciamo a volte: "Padre, se vuoi, allontana da me questo calice", senza aggiungere ciò che il nostro Salvatore ci ha insegnato: "Però non sia fatta la mia, ma la tua volontà" (*Lc* 22, 42)?

Non dovremmo biasimare San Pietro e gli altri due Apostoli per aver desiderato rimanere sul monte sacro nella gloria del Cristo trasfigurato. Piuttosto dovremmo pregare di essere fedeli allo Spirito Santo per rimanere fermi e incrollabili nella nostra fede durante le prove che non mancheranno mai in questa valle di lacrime che è il nostro pellegrinaggio sulla terra.

Il quarto mistero luminoso, la Trasfigurazione, è davvero di grande importanza nelle nostre vite.

Francis Card. Arinze
Prefetto della Congregazione per la Disciplina dei Sacramenti ed il Culto Divino

TAVOLA XV

"Istituzione dell'Eucaristia"
di ***Stephen Thomas Booth***

Istituzione dell'Eucaristia

Nella lettera apostolica *Rosarium Virginis Mariae* (n. 21) Giovanni Paolo II ritiene che l'istituzione dell'eucaristia si può annoverare tra "i misteri della luce".

I tre evangelisti e San Paolo hanno notato dove, quando e come il Signore ha istituito l'eucaristia (*Mt* 26, 26-29; *Mc* 14, 22-24; *Lc* 22, 14-20; *1 Cor* 11, 23-26). Questo è il testamento che Gesù ci ha lasciato prima della sua morte. Tutto è perfettamente chiaro. Tutto è perfettamente sicuro.

La Pasqua è la festività giudaica principale. Con questa festa i Giudei celebravano la memoria dell'esodo dalla schiavitù egiziana, il ricordo dell'alleanza stipulata con Dio e la connessione d'alleanza con Dio e tra loro. In quella occasione mangiavano l'agnello offerto in sacrificio, la verdura amara e il pane azzimo. "Questo giorno sarà per voi un memoriale; lo celebrerete come festa del Signore; di generazione in generazione, lo celebrerete come un rito perenne" (*Es* 12, 14).

L'eucaristia è la Pasqua nuova della Nuova Alleanza che dà compimento a quella dell'Antica Alleanza.

Essa è il banchetto del sacrificio del popolo cristiano. I suoi simboli sono il pane e il vino, i quali nel sacramento diventano la carne e il sangue di Cristo. Cristo è l'agnello pasquale della Nuova alleanza cioè della Pasqua cristiana. Egli è l'Agnello sacrificato che si offre per noi. Nella Pasqua del Nuovo testamento l'unico sacrificio vero è quello di Cristo. L'Ultima cena comincia con il tramonto del sole. Gesù recita i salmi. San Giovanni dice che Gesù desiderava ardentemente mangiare questa Paqua con i suoi discepoli. Nel Cenacolo Cristo anticipa in modo sacramentale il sacrificio compiuto sul Calvario.

Il Giovedì santo, giorno prima della sua morte, durante l'Ultima cena, circondato da suoi discepoli, elevando gli occhi al suo Padre onnipotente, ringraziando, benedicendo e spezzando il pane e sollevando il calice col vino, Gesù disse: "Questo è il mio corpo che è dato per voi; fate questo in memoria di me (...) Questo calice è la nuova alleanza nel mio sangue, che viene versato per voi" (*Lc* 22, 9-20). Con queste parole Gesù ha istituito il sacramento dell'Eucaristia, il memoriale dell'alleanza, il mistero della sua presenza permanente tra noi. Gesù è consapevole della sua missione. Questa fu la sua ultima Pasqua prima di passare al Padre. L'eucaristia ci associa al suo passaggio al Padre. Ogni momento dell'Ultima cena riflette la sua morte del giorno dopo, il suo amore e la sua dedizione per umanità. Egli ha anche istituito il sacerdozio ministeriale, come se volesse accentuare la connessione intima tra questi due stupendi sacramenti della nostra fede: il sacerdozio nasce dall'eucaristia, e l'eucaristia è possibile grazie al sacerdozio. Il sacerdozio ministeriale è al servizio della comunità cristiana. L'imperativo e la volontà di Cristo: "Questo fate in memoria di me", è realizzato nella Chiesa tramite il ministero sacerdotale dei vescovi e dei sacerdoti.

Nell'eucaristia avviene il mistero miracoloso della presenza reale sotto le specie eucaristiche del pane e del vino. Gesù stesso è presente. Lui ci invita alla "tavola del Signore" (*1 Cor* 10, 21). Lui stesso pronuncia le parole: "Questo è il mio corpo offerto in sacrificio per voi". Il sacerdote pronuncia queste parole di Gesù in *persona Christi* con la sua raccomandazione e autorizzazione. Attraverso le parole pronunciate diviene offerta del suo corpo e del suo sangue. Il sacrificio di Cristo sulla croce è presente nello spazio e nel tempo. Lui è presente come crocifisso che è risorto. Questa realtà è la fonte della forza cristiana. Gesù è come un padrone della casa che ci offre il suo corpo e il suo sangue perché diventiamo uniti con lui. Nel momento in cui vengono pronunciate le parole di Gesù, viene compiuto il sacrificio del Golgota. "Quando si fa memoriale di questo sacrificio si compie per noi l'opera della redenzione (salvezza)." Questo annuncia la Chiesa sin dall'inizio. Quando Gesù pronuncia le parole: "Questo è il mio corpo..." pane e vino non sono più "frutti della terra, della vite o del lavoro dell'uomo" ma Gesù che è qui presente. L'essenza si trasforma. Quando il sacerdote pronuncia le parole della consacrazione, Gesù è presente. Questa trasformazione è essenziale. Per questo durante la consacrazione ci inginocchiamo e facciamo adorazione. Lui stesso è qui con il suo corpo e il suo sangue, come Dio e come uomo. Nostro Redentore che toglie i nostri peccati, ci dà la gloria, il suo amore eterno, il suo cielo. Riconosciamo con Tommaso: "Signore mio e Dio mio!". "Il suo corpo per noi immolato è nostro cibo e ci dà forza; il suo sangue per noi versato è la bevanda che ci redime da ogni colpa" (prefazio eucaristico). Il memoriale del Signore non è solo un ricordo ma la viva presenza. Durante la consacrazione il sacerdote ripete le parole di Gesù sul pane e sul vino e il popolo acclama la sua fede e speranza nella salvezza che Dio ci offre mediante la morte e risurrezione del Signore.

Gesù è il pane della vita. Lui ci aiuta a raggiungere la pienezza della vita. Essa appare come gioia, come pace nel cuore, come amore e libertà interiore. Invoca da Gesù tutto questo. Lui ti concederà questo, lui lo concede a molti, lui lo concede a tutti coloro che vivono uniti con lui. Dove è amore, qui c'è Dio e tutto diventa possibile. Gesù ha detto: "Io sono il pane della vita: chi viene a me non avrà più fame e chi crede in me non avrà più sete" (*Gv* 6, 35). Poi dice: "Io sono il pane vivo disceso dal cielo. Se uno mangia di questo pane vivrà in eterno e il pane che io darò è la mia carne per la vita del mondo" (6, 51-52). Lui dice: "Chi mangia la mia carne e beve il mio sangue dimora in me e io in lui". Uniamoci con lui come tralci alla vite.

Gesù stesso si offre a noi nell'eucaristia. Nell'ultima cena ci ha lasciato il pane e vino consacrati come perenne segno visibile della sua morte e risurrezione e come i doni che devono dare la forza ai suoi discepoli per poter rimanere fedeli a lui e per poter svolgere la loro missione nel mondo. La Cena del Signore è sacrificio e festa, e costituisce la Chiesa. La Chiesa celebra l'eucaristia. L'eucaristia nutre la Chiesa. L'eucaristia è sorgente e culmine di tutta l'esistenza cristiana.

La lavanda dei piedi durante la Cena dimostra che

l'eucaristia ci chiama e fa qualificati per servire sull'esempio di Cristo. L'amore verso il fratello (il prossimo), ossia il nuovo comandamento di Gesù, appare come segno visibile della comunità cristiana attraverso il quale i discepoli di Gesù sono riconoscibili. Dunque, due momenti nell'ultima cena dimostrano l'amore fraterno: la lavanda di piedi agli apostoli e la tavola comune sulla quale si divide eucaristicamente corpo e sangue. Queste sono le espressioni di amore e di sacrificio ed anche l'invito che anche noi facciamo lo stesso. Cristo ci dimostra con il suo esempio che non si può dividere l'eucaristia dal servizio fraterno.

"Figlioli, – dice Gesù ai suoi discepoli – ancora per poco sono con voi. Vi dò un comandamento nuovo: che vi amiate gli uni gli altri, come io vi ho amato, così amatevi anche voi gli uni gli altri. Da questo tutti sapranno che siete miei discepoli, se avete amore gli uni per gli altri" (*Gv* 13, 33-34). Poi Gesù ripeterà: "Questo è il mio nuovo comandamento: che vi amiate gli uni gli altri, come io vi ho amati. Nessuno ha un amore più grande di questo: dare la vita per i propri amici" (15, 12-13). Offrire se stesso per gli altri come Gesù o vendere l'altro come Giuda è una alternativa che la vita ci pone continuamente. La nostra scelta da cristiani non può essere diversa da quella di Cristo.

Per poter celebrare festosamente il nuovo memoriale rendiamoci responsabili e disponibili per il servizio a tutti quelli con i quali viviamo.

Vinko Card. Puljić
Arcivescovo di Vrhbosna (Sarajevo) in Bosnia Erzegovina

Misteri Dolorosi

- L'agonia di Gesù nell'Orto degli ulivi
- La flagellazione di Gesù
- La coronazione di spine
- La via al Calvario
- La crocifissione e morte di Gesù

TAVOLA XVI

"Gesù nell'Orto degli ulivi"
di ***Kazuo Paolo Yamaguchi***

L'agonia di Gesù nell'Orto degli ulivi

"La mia anima è triste fino alla morte…
Vegliate con me" (Mt 26, 38)

Con queste parole Gesù, che "è passato ovunque facendo il bene" (*At* 10, 38), suggella definitivamente il suo destino. Un destino tragico. Egli freme nel più profondo di sé. Vede arrivare l'ora della sua passione, l'ora in cui tutti lo abbandonano e fuggono via, sbigottiti da ciò che sta per arrivare.

Gesù non sospetta di nulla. Ha piena coscienza che tutto è compiuto. Aderisce alla volontà del Padre verso cui si dirige in totale obbedienza. È insieme che essi compiono ciò che il cuore dell'uomo non ha immaginato. È veramente insieme che il Padre e il Figlio assumono la malvagità dell'umanità intera. La affrontano, non con le armi della violenza e della morte, ma con tutta la forza del loro amore, dell'amore che si fa dono completo e radicale.

Le forze che si confrontano non sono uguali. Al contrario, differiscono radicalmente: la forza della violenza, che nasce dall'odio e dal disprezzo, è alle prese con la forza dell'amore. Chi prevarrà?

La parola "agonia", che viene dal greco, *agoonía,*

significa infatti combattimento, lotta, con riferimento esplicito ad un avversario, a un rivale che viene affrontato. Parlare dell'agonia di Gesù significa dunque affermare proprio che nostro Signore combatte una battaglia senza pietà: combatte contro l'aggressione causata in lui dalla naturale paura della sofferenza; combatte contro le forze del male e della morte. Ma, ripetiamolo, Gesù non è solo; è sostenuto dall'amore del Padre, nella comunione dello Spirito Santo.

La prova è al culmine. Da una parte, Gesù fa esperienza della sofferenza, la subisce nella sua carne: questa è l'esigenza dell'incarnazione. Dall'altra, la sofferenza che sta sopportando si presenta come un test che, presto o tardi, ciascuno di noi è chiamato a superare, il test del modo in cui volgiamo lo sguardo sulla sofferenza e delle scelte concrete che dobbiamo fare.

Qual è dunque la battaglia o la lotta in cui si impegna Gesù e quale sguardo Egli volge su questa prova cui viene sottoposto?

L'agonia di Gesù è un vero dramma: la terra si contrappone al cielo, il bene al male, la compassione al disprezzo, l'amore all'odio, la violenza alla pace. Il cielo si è oscurato. L'umanità, accecata dalla propria malvagità, non comprende questa parola del profeta Isaia: *"Ora, erano le nostre sofferenze quelle da lui portate, i nostri i dolori di cui era caricato"* (*Is* 53, 4). Ma il signore Gesù resiste e continua la sua opera di salvezza, attraverso l'amore per gli uomini. Non protegge il suo viso dagli oltraggi e dagli sputi. Vuole solamente adempiere la volontà del Padre: *"Padre, non la mia ma la tua volontà"*.

Nella sua agonia, Nostro Signore, che pure non ha peccato, lotta contro il peccato del mondo, con tutto l'amore del suo Cuore. È contro il Malvagio che combatte.

In effetti, il Tentatore suggerisce parecchie cose al Signore. Prima di tutto, gli propone di salvarsi, di conservare la sua vita piuttosto che di perderla. Gli suggerisce di pensare alla propria vita. Dopo tutto, perché sacrificarsi per gente che non lo riconosce per chi è nella realtà, per gente che pensa solo a sé?

Attraverso ogni specie di malizia, il Malvagio vuole ottenere che Gesù rinunzi alla volontà di andare fino al fondo dell'amore, dell'amore che si dona e che non si riprende. Molto meglio, suggerisce, abbandonare l'umanità al suo triste destino.

C'è di più: davanti alla prospettiva della grande sofferenza che si annuncia, il Signore deve resistere, giacché di fronte ad una tale eventualità, *"la debolezza della carne sarebbe tentata di ribellarsi"*.

Il Signore Gesù agonizza, cioè combatte questa lotta contro tutti i peccati del mondo. Assume nella sua carne i nostri peccati individuali e quelli del mondo intero. Ancora una volta, il profeta Isaia descrive questa lotta in modo impressionante: "uomo dei dolori, che ben conosce il patire... schiacciato dai nostri peccati, il castigo che ci ottiene la pace si è abbattuto su di lui" (*Is* 53, 3-5).

L'agonia del Signore nell'Orto degli ulivi rinvia in maniera precisa alla dimensione storica della vita degli uomini, fino alla fine dei tempi. Dimostrando che, in virtù della grazia della redenzione e nella misura in cui la debolezza indurrà l'uomo a drizzarsi contro Dio, ogni peccato commesso contro Dio e contro il fratello risuona esattamente nella carne stessa di Cristo.

Al paragrafo 22 della *Rosarium Virginis Mariae* Giovanni Paolo II lo esprime bene quando scrive: *"il Cristo, al Getsemani, si pone nel luogo di tutte le tentazioni e di fronte a tutti i peccati dell'umanità"*.

L'agonia nell'Orto degli ulivi copre l'intera storia dell'umanità. Nel senso che essa viene attualizzata ogni volta che il peccato, le forze del male e della morte tentano di sfigurare la dignità dell'uomo, creata ad immagine e a somiglianza di Dio.

Ancora oggi, Gesù soffre e lotta a fianco dell'uomo per aiutarlo a tener duro.

Il contesto mondiale offre una prova particolarmente eloquente delle situazioni terrificanti che fanno soffrire il Signore e contro le quali, purtroppo, è continuamente in agonia: guerre, attentati suicidi, disoccupazione, stupri, delitti, pornografia, disperazione, eutanasia, clonazione di embrioni umani, miseria, delinquenza giovanile, epidemie etc. Proprio in virtù del mistero dell'Incarnazione è giusto dire che l'agonia di Gesù si coniuga al presente, nella misura in cui Gesù s'identifica ad ogni uomo ed ogni donna.

L'agonia di Gesù conduce tutti i credenti, per mezzo della meditazione e della recita del primo mistero doloroso del Santo Rosario, ad unirsi alla Santissima Vergine Maria. Essendo la prima credente che volge a suo Figlio "uno sguardo doloroso", ella sa portare ai credenti la consolazione della sua vicinanza materna e spirituale come pure il sostegno della sua speranza.

In un'Africa che "è praticamente diventata un'appendice senza importanza, spesso dimenticata e trascurata da tutti", "in un continente saturo di cattive notizie"*, la mia esperienza personale di Pastore del popolo di Dio mi offre assai numerose occasioni in cui mi trovo direttamente a confronto con situazioni di grande sofferenza dell'uomo che cerca disperatamente di rialzarsi.

In tutte le sventure che si abbattono sul continente africano, è il Cristo che agonizza. Egli fa la strada con noi e noi lo raggiungiamo nella sua agonia. La sua dolce compagnia ci rassicura, ci illumina, ci sostiene e ci dona la grazia, non di ribellarci, ma di sperare contro ogni speranza.

Frédéric Card. Etsou-Nzabi-Bamungwabi
Arcivescovo di Kinshasa nella Rep. Democratica del Congo

* Giovanni Paolo II, *Ecclesia in Africa.* Esortazione apostolica su *La Chiesa in Africa e la sua missione evangelizzatrice verso l'anno 2000,* n. 40.

TAVOLA XVII

“La flagellazione di Gesù”
di ***Kazuo Paolo Yamaguchi***

La flagellazione di Gesù

Per il terzo millennio Giovanni Paolo II ci ha dato, nella sua lettera pastorale *Novo millennio ineunte,* un orientamento spirituale che scaturisce dalla profonda e ricca esperienza dell'Anno del Giubileo 2000. La sua quintessenza il papa l'ha espressa così: "Se volessimo ricondurre al nucleo essenziale la grande eredità che essa ci consegna, non esiterei ad individuarlo nella *contemplazione del volto di Cristo:* considerato nei suoi lineamenti storici e nel suo mistero, accolto nella sua molteplice presenza nella Chiesa e nel mondo, confessato come senso della storia e luce del nostro cammino"[1]. Così ha intitolato il capitolo II della sua lettera apostolica: "Un volto da contemplare". Questa visione il papa la serba nel più profondo del cuore. "Ripartire da Cristo", questa è la direzione, da lui indicata, della nuova evangelizzazione. In modo splendido e così sapiente vi ha poi integrato il proprio forte orientamento mariano con la successiva lettera apostolica

[1] *Novo millennio ineunte,* 15.

Rosarium Virginis Mariae. Sì, la preghiera del rosario l'ha indicata come un culmine mariano della precedente lettera apostolica *Novo millennio ineunte*[2]. La recita del rosario, infatti, "non è altro che la contemplazione del volto di Gesù insieme a Maria"[3].

Maria era "piena di grazia". Lo Spirito Santo discese su di lei[4] e in questo Spirito lei comprendeva tutti gli avvenimenti della vita di Cristo. Più tardi Gesù dirà agli apostoli dello stesso Spirito: "Egli vi insegnerà tutto"[5]. Maria "conservava tutte quelle cose nel suo cuore"[6]. Non ci si può immaginare che Gesù nei momenti di intima conversazione, dei quali però non si parla nei vangeli ma che certamente ci sono stati, non abbia detto in un'atmosfera di intima comprensione vicendevole molte cose che sarebbero dovute accadere. E lei da lontano sicuramente seguiva tutti i momenti della via crucis[7].

E così, in comunione con lei, vogliamo meditare sulla flagellazione di Gesù. Guardiamo il volto di Gesù, contempliamo la sua situazione dopo l'arresto nel giardino del Getsemani. All'inizio della notte l'armato commando di arresto, costituito per quel determinato fine, compì la cattura con altri soldati di rinforzo. Condussero il Signore nella casa privata del sommo sacerdote Anna e dopo da Caifa per un interrogatorio non ufficiale, preliminare, poiché il tempo premeva: la Pasqua era alle porte. Il risultato

---

[2] *Rosarium Virginis Mariae,* 3.
[3] *Ibidem.*
[4] Cfr. *Lc* 1, 55.
[5] *Gv* 14, 26.
[6] *Lc* 2, 51.
[7] Cfr. *Lc* 23, 49.55.

fu una chiara condanna a morte. Siccome secondo la legge giudaica il processo non poteva tenersi di notte, la corte suprema giudea, il sinedrio, dovette aspettare l'alba, affinché il processo nella sede ufficiale del sinedrio avesse potuto rivestirsi di un ufficiale carattere legale[8]. Dopo la preparazione durante la notte, questo processo ebbe un risvolto veloce. Nel tempo intercorrente tra i due avvenimenti le guardie giudee sorvegliavano Gesù a cui non avevano concesso sonno né riposo, trascorrendo il tempo dell'attesa a loro modo. "Frattanto gli uomini che tenevano Gesù lo schernivano e lo percuotevano; e, bendatolo, lo interrogavano: Fa il profeta! Chi ti ha percosso? E molte altre contumelie dicevano contro di lui"[9]. Ambedue le torture, la prima da parte della guardia del tempio e la seconda avvenuta dopo il comando di Pilato di flagellare Gesù[10], possono essere unite nella nostra meditazione. Del resto, anche alcuni evangelisti le uniscono nelle loro narrazioni degli avvenimenti[11]. Della flagellazione in sé nessun evangelista ci dice niente, tranne la breve constatazione che Pilato lo fece flagellare. Forse si supponeva tacitamente che tutti nell'Impero Romano conoscessero questa procedura così dolorosa, della quale veniamo a sapere dalle fonti extrabibliche. Ci sono infatti rimasti resoconti storici su alcune flagellazioni avvenute secondo l'uso romano. E questi resoconti ci danno un'immagine più concreta. Gesù fu spogliato, legato

---

[8] Cfr. *Lc* 22, 66.
[9] *Lc* 22, 63-65.
[10] *Mt* 27, 26b; *Mc* 15, 15b; *Gv* 19, 1.
[11] Cfr. *Mt* 27, 27-31; *Mc* 15, 16-19.

a una bassa colonna nel cortile del pretorio e dagli esecutori della sentenza flagellato fino a che non crollò a terra inondato di sangue. Gli strumenti della flagellazione erano cinte di cuoio munite di chiodi, piccoli ossi taglienti oppure palline di piombo. I colpi sferzati erano innumerevoli. Questa era la preparazione alla via crucis. Così si riempiva il tempo necessario affinché la scorta incaricata potesse preparare la croce e gli altri strumenti per la crocifissione e la messa in atto dell'esecuzione. Possiamo comprendere perché dopo la notte senza sonno, dopo aver passato attraverso tormenti psichici degli interrogatori nei due processi, dopo tanta tortura e soprattutto dopo la flagellazione, Gesù dopo appena alcuni passi cadeva sulla via crucis.

Ciò che abbiamo detto finora contribuisce piuttosto a uno sguardo globale, a uno sguardo al volto di Cristo secondo la narrazione del vangelo. Per osservare da vicino il volto di Cristo e il corpo flagellato, Dio nella sua misericordia e amore ci ha lasciato immagini concrete sulla Sindone di Torino. Anche se non si tratta di una realtà ispirata così come i vangeli, la scienza stessa ci dà la sicurezza che davanti agli occhi abbiamo una fedele immagine del corpo flagellato e del volto torturato. E così posiamo gli occhi sulle due immagini del vangelo e della Sindone.

Sulla Sindone vediamo le impronte del corpo torturato e flagellato. Ci lasciamo guidare dall'occhio esperto dei medici legali che come specialisti hanno analizzato le testimonianze pervenuteci. Durante la flagellazione sei soldati romani della guarnigione di Cesarea non avevano risparmiato un solo posto della parte posteriore né anteriore del corpo di Gesù. Innumerevoli i colpi di diverso tipo, così come sono descritti dai medici. Il corpo disseminato di flagellazioni corrisponde realmente alle profetiche parole di Isaia: “Non ha apparenza né bellezza così da attrarre i nostri sguardi, disprezzato e reietto dagli uomini, uomo dei dolori, familiare con il patire, come uno davanti al quale ci si copre la faccia”[12]. In realtà nessuna anima devota aveva potuto immaginare quello che così palpabilmente, chiaramente e precisamente vediamo nella realtà. Colpiscono gli accertamenti medici e l'interpretazione delle innumerevoli ferite e lividi disseminati su tutto il corpo. Tutto questo ci crea l'immagine di quella flagellazione dell'antichità così terribile. C'è veramente da meravigliarsi che il condannato, subendo un supplizio così crudele, non sia morto. Molti, infatti, hanno ceduto. Gesù però non poteva morire qui poiché secondo i profeti (in accordo con la volontà del Padre) doveva morire per la salvezza del mondo sul legno della croce.

Diamo un'altro sguardo attento al volto di Gesù. Gli specialisti constatano che neanche il volto era stato risparmiato dalle sferzate durante la flagellazione della parte anteriore del corpo, come testimoniano i resoconti storici sulla flagellazione secondo l'uso romano. Sulla Sindone, però, si trovano sul volto anche molte battiture di bastone, pugni, ferite, contusioni, scorticature e lividi. Veramente “non ha apparenza né bellezza, uomo dei dolori”[13]. Non tutti potevano sopportare di guardare quel volto. “Come

---

[12] Cfr. *Is* 53, 2.3.
[13] Cfr. *Is* 53, 2.3.

uno davanti al quale ci si copre la faccia"[14]. Ecce homo! Così, e in più con la corona di spine sulla testa, Pilato presentò Gesù ai suoi accusatori, aspettandosi che sarebbero inorriditi per la punizione inflittagli e che avrebbero desistito dal farlo crocifiggere. Si sbagliava. Ai sanguinari membri del sinedrio ciò non bastava: Crocifiggilo!

Forse potremmo studiare a lungo l'immagine del flagellato offertaci dai medici, seguire fino a che punto questi resoconti corrispondono con la visione profetica di Isaia e come concretizzano quello che gli evangelisti descrivono in modo semplice e stringato. Dopo poche ore, quando le ferite forse non erano ancora del tutto rimarginate, Maria guardò quel volto che non aveva né apparenza né bellezza[15]. Comprendiamo perché non disse una parola. Così come sotto la croce "stabat Mater" in silenzio, senza lamentarsi né crollare.

Tutta questa terribile sofferenza e tortura, riguardante alla lettera tutto il corpo, senza risparmiare nessun posto, può essere un profondo e scioccante impulso per la meditazione sul prezzo della nostra salvezza e sulla grandezza del prezzo per il nostro peccato. Questa è difatti la parte più dolorosa e cruenta della sofferenza di Cristo. Per non esprimere, poi, il dolore intimo del cuore di Cristo. Tutto ciò, però, non deve mettere in ombra l'aspetto spirituale della contemplazione del volto di Gesù. Possiamo comprendere meglio l'agonia nel Getsemani, dove Gesù in anticipo vide tutto questo con l'occhio

---

[14] *Is* 53, 3.
[15] Cfr. *Is* 53, 2.

spirituale, possiamo comprendere anche la grandezza della decisione di accettare la volontà del Padre e mettersi sulla via della passione per la salvezza dell'uomo. Questa decisione di Gesù permea tutti i momenti della vita pubblica, quando Egli metteva al primo posto il compiere la volontà del Padre, anche a prezzo di una così grande sofferenza come quella della flagellazione o della morte in croce. Gesù rivela, tramite la sua decisione, chi è per Lui il Padre.

Osserviamo il volto santo di Gesù. Non ha apparenza né bellezza[16]. Il volto che sorrideva e accarezzava col proprio sguardo è indurito dai colpi, sfigurato da non riconoscerlo. Gli occhi, le palpebre, le sopracciglia lacerate dalle sferzate – quasi come il rifiuto dello sguardo amorevole di Dio verso l'uomo. La bocca, le labbra rotte – come espressione del rifiuto del messaggio della carità divina, messaggio che si effondeva dalle sue labbra, come rifiuto della verità che Egli annunciava. La testa sacra che aveva "pensieri di pace"[17] è crudelmente ferita dalle flagellazioni e bastonate. E neanche sul corpo non si trova un posto intatto. Questo "rompere e distruggere" è espressione del rifiuto di Cristo, dell'intera sua opera. Gli ebrei rifiutarono il Re-Messia e confessarono che volevano piuttosto rimanere sotto il governo dell'imperatore pagano. I capi ebrei non si erano accontentati di tale umiliazione, tortura e rifiuto. Volevano ancora di più. Appena Pilato mostrò loro Gesù (Ecce homo) gridarono: "Crocifiggilo!"

L'intero processo della tortura tramite la flagella-

---

[16] Cfr. *Is* 53, 2.
[17] Cfr. *Ger* 29, 11.

zione fa parte del rifiuto globale-espulsione dalla città, dalla comunità del popolo eletto. “Non vogliamo che costui regni su di noi!”[18]. È il rifiuto della comunione con Dio – rappresentato dalla città Gerusalemme – sì, anche l’innalzamento dalla terra sulla croce – tra il cielo e la terra – come se l’uomo, nel rifiuto, volesse restituire Cristo a Dio: segno questo che riappare nella storia. Origine di tutto il processo di Cristo è il sinedrio: tramite le mani di Pilato Gesù è poi consegnato ai torturatori. Ma in fin dei conti è il Padre che “ha tanto amato il mondo da dare il suo Figlio unigenito, affinché chiunque crede in lui non perisca, ma abbia la vita eterna.”[19] Gesù così come si consegnò alla crudele flagellazione, similmente si consegna sulla croce. Anche qui si rivela, in un modo tanto crudele, che in ciò consiste la carità di Dio: consegnarsi fino all’estremo. Del resto anche nell’Eucaristia si consegna fino all’estremo.

Leggendo attentamente il capitolo 53 d’Isaia sull’uomo del dolore – percosso per i nostri peccati, si caricò dei nostri peccati[20] – non dimentichiamo di applicare queste parole a noi stessi, riconoscendo il nostro peccato e ammettendo la nostra partecipazione alla tortura di Cristo. La conclusione non sia solo pentimento o sentimento, ma una decisione concreta: voglio convertirmi.

Ci troviamo immersi in quegli attimi… Egli prende su di sé le nostre sofferenze, porta i nostri peccati[21]; in

---

[18] Cfr. *Gv* 19, 15.
[19] *Gv* 3, 16.
[20] Cfr. *Is* 53, 4.12.
[21] Cfr. *Is* 53, 4.5.6.

questo modo il momento della flagellazione oltrepassa il tempo nel sacramento della chiesa, così come la sua morte oltrepassa il tempo nel sacramento dell'eucaristia. Prende su di sé le nostre sofferenze e peccati. Noi oggi acconsentiamo a portarli. "Completo nel mio corpo ciò che manca dei patimenti del Cristo per il suo corpo, che è la chiesa"[22].

Da questa contemplazione del Cristo flagellato risulta una conclusione concreta: anche le mie sofferenze di oggi – oltrepassando le frontiere del tempo – Gesù prende su di sé... E io dietro la sembianza del mio dolore ritrovo la sembianza attuale del suo corpo flagellato e del suo volto torturato. Nei miei dolori – abbracciati e portati al petto – oggi voglio incontrare colui che li prende su di sé ed è nascosto dietro di essi[23]. Abbraccio il mio dolore che mi congiunge a Lui. In questo dolore lo posso incontrare. Egli lo porterà alla resurrezione...

Miloslav Card. Vlk
Arcivescovo di Praga nella Repubblica Ceca

---

[22] Cfr. *Col* 1, 24.
[23] Cfr. Concilio Vaticano II, *Lumen Gentium* 7; 41.

TAVOLA XVIII

"La coronazione di spine"
di ***Kazuo Paolo Yamaguchi***

La coronazione di spine

1. *"Quindi i soldati del governatore condussero Gesù nel pretorio e convocarono intorno a lui tutta la coorte. Toltegli le vesti, gli gettarono addosso un manto scarlatto e intrecciata una corona di spine la posero sulla sua testa con una canna nella destra".* (*Mt* 27, 27-29)

Gesù continua a patire sofferenze fisiche, con la corona di spine che lacera la pelle del suo sacro Capo, indubbiamente postavi da mani rudi e senza lesinare la forza. A nessuna parte del corpo di Nostro Signore potevano essere risparmiati dolori immani prima che tutto si consumasse?

Oltre al dolore c'era la grande umiliazione di essere deriso. I soldati sapevano che Gesù era visto come un grande leader da molti ebrei. Essi erano al corrente del suo proclamarsi Figlio di Dio, un re o addirittura il Re dei Re! Quindi lo schernivano proprio per questa sua legittima pretesa, vestendolo con un manto scarlatto, mettendogli nella mano destra una canna a mo' di scettro reale e poi ponendo una turpe corona di spine sul suo sacro Capo.

2. *"Inginocchiandosi davanti a lui, lo percuotevano di-*

cendo: 'Salve, Re dei Giudei!'. E sputando su di lui, prendevano la canna e lo colpivano sulla testa" (*Mt* 27, 29-30).

Per dimostrare il loro profondo disprezzo per Gesù, i soldati gli si inginocchiavano davanti chiamandolo Re dei Giudei, ma una volta rialzatisi gli sputavano addosso e gli percuotevano la testa con la canna che gli avevano posto nella mano.

Quale parte abbiamo avuto noi in tutto ciò? È per i nostri peccati che Gesù ha patito le sofferenze della sua passione e morte. La devozione tradizionale alla preghiera della Via Crucis ha visto specialmente rappresentati in questo mistero i peccati di superbia e di esaltazione di sé. Commettendo tali peccati, noi umiliamo e facciamo soffrire Nostro Signore, perché lui, che era Dio, non esitò a farsi incoronare di spine e a farsi schernire per ricordarci dell'esempio di umiltà che ci ha lasciato.

3. Nostro Signore Gesù Cristo ha dato al mondo un esempio glorioso di vera umiltà. Come scrive S. Paolo nella sua Lettera ai Filippesi, *"Cristo Gesù, pur essendo per natura Dio, non stimò un bene irrinunciabile l'essere uguale a Dio, ma annichilì se stesso prendendo natura di servo, diventando simile agli uomini; apparso in forma umana si umiliò facendosi ubbidiente fino alla morte e alla morte in croce"* (2, 6-8).

Negli ultimi duemila anni, queste parole sono state per molti uno scoglio non indifferente. L'idea che qualcuno che era Dio potesse permettere di essere umiliato e di soffrire come Gesù, *fino alla morte e alla morte in croce,* per qualcuno è stata troppo difficile da accettare.

Per molti altri, tuttavia, questo esempio di Gesù è

diventato il fondamento su cui essi hanno costruito la propria spiritualità, il proprio seguire Cristo. Dopotutto S. Paolo, nel presentare Gesù ai Filippesi, li aveva esortati così: *"Coltivate in voi gli stessi sentimenti che furono anche in Cristo Gesù"* (*Fil* 2, 5).

4. Mentre contempliamo Gesù nel cortile del palazzo di Pilato, circondato e dileggiato dai soldati romani, con la fronte insanguinata a causa della corona di spine, come possiamo giustificare la nostra ambizione egoista, la nostra arroganza, la nostra presunzione, i nostri peccati di superiorità e razzismo, la nostra superbia? Chi siamo noi se paragonati a Gesù? Per mezzo di lui tutte le cose sono state create e niente di ciò che esiste è stato creato senza di lui. Nonostante ciò, egli prese la forma di un uomo qualunque e accettò di diventare, potremmo dire, un "signor nessuno" per mostrare al mondo la follia della superbia umana. È questo il grande mistero della nostra fede, l'esempio che siamo chiamati a seguire. *"Coltivate in voi gli stessi sentimenti che furono anche in Cristo Gesù"* (*Fil* 2, 5).

5. Vedendo Gesù umiliato e disprezzato dai soldati romani potremmo essere tentati di dubitare che egli fosse davvero Dio! Tuttavia è proprio questa la bellezza della vera umiltà, quella che non nega o nasconde mai la verità. Gesù non negò mai la propria natura divina, ma piuttosto fu crocifisso perché asseriva di essere Dio. L'umiltà non sta nel negare ciò che siamo o i doni che ci sono stati fatti. Queste verità devono però sempre essere accompagnate dall'amore, un amore come quello dimostrato da Nostro

Signore Gesù Cristo con la sua presenza nel cortile del palazzo di Pilato.

6. Negli anni in cui ho servito presso la Santa Sede nel ruolo di Presidente del Pontificio Consiglio per la Promozione dell'Unità dei Cristiani, sono arrivato ad apprezzare più profondamente l'importanza del rapporto fra verità e umiltà. Anzi, mi sono convinto che l'ecumenismo richiede, da parte di coloro che sono impegnati a cercare una maggiore unità fra i discepoli di Cristo, una profonda conoscenza della *kenosis*, lo spirito di umiltà che Gesù richiede a tutti i suoi discepoli. Papa Giovanni Paolo II lo ha messo bene in chiaro nella sua enciclica del 1995 *Ut unum sint* sull'impegno verso l'Ecumenismo. Nel paragrafo n° 36, egli fa notare che "l'amore della verità è la dimensione più profonda di una autentica ricerca della piena comunione tra i cristiani". Aggiunge poi: "A questa dimensione interiore e personale va inseparabilmente associato lo spirito di carità e di umiltà. Carità verso l'interlocutore, umiltà verso la verità che si scopre e che potrebbe richiedere revisioni di affermazioni e di atteggiamenti".

7. Questo stesso spirito deve senza dubbio permeare ogni aspetto della vita e della pratica della Chiesa. È essenziale nel rapporto tra il sacerdote e i fedeli assegnati alla sua cura pastorale. È la base su cui costruire la *communio* fra il Papa nel suo ruolo di Capo del Collegio Episcopale e i membri di questo Collegio. Allo stesso modo, deve essere incoraggiato dai Vescovi e dal clero delle diocesi che essi governano se si vuole che lo strumento della *communio* sia efficace.

8. Durante quelle terribili ore di umiliazione da parte dei soldati romani, Gesù non pronunciò una sola parola. Il suo silenzio è divino. Non ci sono rimproveri, né minacce, né frasi di condanna. Il suo atteggiamento verrà espresso più tardi, quando egli starà morendo sulla croce: *"Padre, perdona loro, perché non sanno quello che fanno"* (*Lc* 23, 34). Quando pecchiamo di superbia, sappiamo contro chi stiamo peccando molto meglio di quanto non lo sapessero quei soldati romani ignoranti. Noi sappiamo che Gesù è il Signore, ma osiamo ugualmente offenderlo. Gettiamoci dunque fra le sue braccia misericordiose, riconosciamo le nostre mancanze e cerchiamo il suo perdono. Tutte le nostre speranze stanno nell'amore che egli ha per ognuno di noi.

9. Quando i soldati si stancarono di deridere Gesù, lo portarono fuori, con indosso *"la corona di spine e il manto di porpora. Pilato disse alla folla: 'Ecco l'uomo!' Quando però lo videro, i sommi sacerdoti e le guardie si misero a gridare: 'Crocifiggilo! Crocifiggilo!'"* (*Gv* 19, 5-6). *"Allora Pilato lo consegnò loro perché fosse crocifisso"* (*Gv* 19, 16).

Edward Idris Card. Cassidy
Presidente emerito del Pontificio Consiglio per la Promozione dell'unità dei Cristiani

TAVOLA XIX

"La via al Calvario"
di ***Kazuo Paolo Yamaguchi***

La via al Calvario

Gesù che porta la sua croce

Nei Vangeli, Gesù sembra sempre essere in movimento, mentre copre a piedi lunghe distanze tra le città e i paesi della Giudea e della Galilea. Il Vangelo di Luca in particolare descrive i molti spostamenti di Gesù come un diario di viaggio dal ritmo serrato. Iniziando ora a contemplare il *quarto mistero doloroso del Rosario,* dobbiamo ricordare che questo è l'ultimo viaggio di Gesù, la sua Via Crucis.

Nelle circa venti ore precedenti, Gesù ha sopportato l'agonia del Getsemani, è stato tradito da un suo caro amico, arrestato come un criminale, abbandonato dai discepoli, rinnegato da Pietro, respinto dalla folla, accusato dalle autorità civili e religiose, flagellato e incoronato di spine dai soldati romani, deriso, condannato a morire sulla croce...

È Giovanni a dirci che cosa succede a questo punto: *"Egli, portando la croce da sé, uscì"* (*Gv* 19, 17).

La scelta della parole è voluta. Giovanni vuole che i cristiani della sua comunità ricordino che persino in questo momento di dolore e umiliazione supremi il Servo Fedele è anche il Signore sovrano che liberamente va verso il Calvario e liberamente porta la croce. L'*Ecce Homo* che Pilato ha mostrato alle masse risplende di maestà, di libertà e dell'amore incondizionato e spontaneo di Dio. Insieme alla sua, Egli porta anche le croci di tutti quelli tra noi che hanno sofferto per ingiustizia, povertà, malattia, guerra, sfruttamento sociale o degradazione morale. Gesù che porta la sua e le nostre croci è la fonte perenne di forza e di speranza in tutti i nostri tormenti. Ci sono innumerevoli testimonianze di persone sofferenti che hanno superato ogni tipo di male guardando sempre a Gesù che porta la croce verso il Calvario.

L'arcivescovo Dominic Tan, S.J., trascorse ventidue anni in una minuscola cella di una prigione comunista a Canton, in Cina. Un giorno, nel 1985, gli chiesi come avesse potuto conservare la sua sanità mentale in quel lunghissimo periodo di sofferenza e di isolamento. Lui mi rispose: "Il Signore mi ha salvato per mezzo del Rosario della Vergine Maria, specialmente i misteri dolorosi. Li ho ripetuti in continuazione, contando le Ave Maria con le dita. E alla fine della giornata il mio cuore era sereno e molto grato, perché in quelle circostanze davvero eccezionali ero stato accanto alla Beata Maria ad accompagnare il Signore lungo la Via Crucis".

Portare la croce di Gesù

A Gerusalemme è all'incirca mezzogiorno. Uniamoci alla gente che sta ai due lati della stretta stradina che porta al Calvario. Le torture della notte precedente hanno ridotto Gesù quasi in fin di vita. Si regge appena sotto il peso della croce. Molto tempo prima il profeta Isaia aveva previsto questo momento tanto drammatico: "Molti si stupirono di lui, talmente sfigurato era il suo aspetto al di là di quello di un uomo... Non aveva figura né splendore per attirare i nostri sguardi, né prestanza, sì da poterlo apprezzare. Disprezzato, ripudiato dagli uomini, uomo dei dolori, conoscitore della sofferenza... Eppure, egli si portò le nostre infermità e si addossò i nostri dolori" (*Is* 52, 14; 53, 2-4).

A questo punto Gesù è talmente esausto che il centurione romano inizia a temere che possa morire lungo la strada. Tuttavia l'ordine è che Egli muoia sulla croce, così il centurione tocca sulla spalla con il piatto della lancia un uomo che si trova lì per caso e lo obbliga a prendere la croce di Gesù e a seguirlo. Di quest'uomo ci è rimasto il nome, Simone di Cirene.

Tutti gli evangelisti, meno Giovanni, hanno sentito il dovere di riportare questo evento. Forse pensavano che per i cristiani perseguitati delle prime comunità fosse importante sapere di questo uomo che letteralmente prese la croce di Gesù e lo seguì.

Il resoconto di questo episodio avvenuto lungo la strada per il Calvario è particolarmente significativo nel Vangelo di Marco: "*Mentre lo conducevano fuori per crocifiggerlo, costrinsero un passante che tornava dai campi, Simone di Cirene, padre di Alessandro e di Rufo, a portare la croce di Gesù*" (*Mc* 15, 21).

Mentre cerchiamo di contemplare questo momento del quarto mistero doloroso, verrebbe spontaneo chiederci che cosa provasse Simone. Odio per i soldati romani? Vergogna per essere costretto a marciare con dei criminali? Compassione per Gesù? Non lo sappiamo, ma gli storici del Nuovo Testamento hanno notato alcune cose che ci fanno pensare che Gesù non abbia dimenticato Simone, né Simone abbia dimenticato Gesù.

Il Vangelo di Marco fu scritto molto probabilmente per i cristiani che vivevano a Roma. In secondo luogo, egli dice esplicitamente: *"Simone di Cirene, padre di Alessandro e di Rufo"* (*Mc* 15, 21). Sembra bizzarro nominare i due figli di Simone a quel punto del resoconto, a meno che essi non fossero già ben noti ai Cristiani di Roma. In terzo luogo, S. Paolo scrive nella sua Lettera ai Romani, tra i saluti ai suoi amici: *"Salutate Rufo, l'eletto del Signore, e la madre sua e mia"* (*Rm* 16-13). Così nella comunità di Roma c'era un cristiano ben noto ed eminente di nome Rufo e sua madre era tanto cara a Paolo quanto la propria. Può benissimo darsi, dice W. Barclay nel suo commento al Vangelo di Marco, che questo fosse lo stesso Rufo che era il figlio di Simone di Cirene e che la donna fosse la moglie di Simone. Infine, negli Atti degli Apostoli, S. Luca (13, 1) ci fornisce una lista di uomini di Antiochia che con Paolo e Barnaba facevano parte della prima missione presso i Gentili. Vicino a Barnaba ci sono un Simeone detto il Nero e un Lucio di Cirene. Simeone è un'altra grafia per Simone e l'appellativo Nero veniva di solito dato alle persone di carnagione scura provenienti dall'Africa. La Cirene di Simone era la regione dell'attuale Bengasi, in Libia. Per tutti questi motivi possiamo ritenere che forse qualcosa accadde a Simone di Cirene in quel pomeriggio del primo Venerdì Santo. Forse la sua esperienza sulla strada del Calvario legò per sempre il suo cuore a Gesù ed egli divenne uno dei "commandos" nella prima missione presso i Gentili. Forse noi siamo cristiani perché un ebreo africano di Cirene seguì Gesù nel suo cammino verso il Calvario e ne portò con riluttanza la croce.

Da più di duemila anni, Simone di Cirene è una figura molto influente per i cristiani di tutte le epoche.

Un paio di mesi fa, alcuni viaggiatori tornarono dall'isola di Taikan, nella provincia meridionale di Canton, profondamente commossi da ciò che avevano visto. Quattro suore badavano giorno e notte ai bisogni di centocinquanta lebbrosi e delle loro famiglie che vivevano nel circondario. Prima di ripartire, i viaggiatori parteciparono a una semplice funzione di preghiera con le suore. Una di queste disse: "È un grande privilegio essere stata chiamata come Simone di Cirene ad aiutare Gesù a portare la croce".

Il grande paradosso dei nostri tempi è che nonostante l'egoismo e l'edonismo rampanti in alcuni settori della nostra società, c'è un numero crescente di persone come Simone di Cirene, pronte a sacrificare il loro tempo e il loro talento in favore dei poveri, dei malati, delle vittime dell'AIDS, dei bambini di strada, dei profughi, dei lavoratori immigrati, delle donne in pericolo. C'è anche un numero crescente di giovani volontari che passano le loro vacanze lavorando in zone depresse, collaborando nella costruzione di abitazioni e nella fornitura di assistenza medica e di addestramento all'agricoltura. Un altro paradosso dei nostri tempi è la schiera di persone che viene mossa dallo spirito di solidarietà internazionale nel caso di disastri naturali o socio–politici.

Nel corso del quarto mistero doloroso, Simone di Cirene ci ricorda un altro aspetto del Mistero di Cristo. Gesù, la Parola di Dio per mezzo di cui l'universo fu creato, ha bisogno di noi, perché ci sono molte cose da fare nel mondo per le quali gli siamo indispensabili.

La folla, le donne e Maria sulla via del Calvario

"Lo seguiva una gran moltitudine di popolo e di donne che si battevano il petto e piangevano per lui" (*Lc* 23, 27). Il Cardinal Martini, nel suo libro *Libertà che si dona*, commenta come segue questo passaggio da S. Luca.

Nel Nuovo Testamento, la parola greca per *seguire* è il verbo usato con riferimento al seguito di Gesù. Abbiamo qui a che fare con persone che lo seguono mettendo in pratica ciò che egli aveva detto prevedendo per la prima volta la propria passione: *"Se qualcuno vuol venire dietro a me, rinneghi se stesso, prenda la propria croce ogni giorno e mi segua"* (*Lc* 9, 23). Queste sono persone che seguono fisicamente Gesù fino alla croce. *"Chi non porta la propria croce e non viene dietro di me, non può essere mio discepolo"* (*Lc* 14, 27).

La vasta folla che segue Gesù lungo la strada verso il Calvario è un'immagine della condizione di discepoli... una rappresentazione drammatica di una Chiesa misteriosamente attratta dalla Via Crucis come vera via di vita.

In quelle folla c'erano donne che piangevano e gemevano per lui. A quell'epoca, alcune donne eminenti nella comunità preparavano bevande sedative da offrire ai condannati a morte. Evidentemente fra queste donne c'erano anche quelle menzionate da Luca nel capitolo 8, nonché la madre di Gesù. Esse dovevano per forza essere presenti sulla strada per il Calvario perché poco dopo le vedremo ai piedi della croce (cfr. C. M. Martini, *Libertà che si dona,* 141).

"Gesù allora si voltò verso di loro e disse: 'Figlie di Gerusalemme, non piangete per me; piangete piuttosto per voi stesse e per i vostri figli. Ecco, verranno i giorni nei quali si dirà: Beate le sterili e quelle che non hanno mai generato e le mammelle che non hanno allattato. Allora la gente comincerà a dire ai monti: 'Cadete su di noi!' e alle colline: 'Ricopriteci!'. Perché se si tratta così il legno verde, che ne sarà del legno secco?" (*Lc* 23, 28-31).

Queste sono le sole parole che Gesù disse sulla via del Calvario. Non possiamo prenderle alla leggera quando riflettiamo sul quarto mistero doloroso.

"Figlie di Gerusalemme" è un'espressione profondamente suggestiva, che non si trova in nessun altro brano dei Vangeli. Ci riporta a quel passaggio delle Lamentazioni di Geremia in cui il profeta dà voce alle sofferenze umane. Gesù cita le Lamentazioni e parla delle sofferenze della città perché sta accadendo a lui ciò che la città stessa, cioè l'umanità peccatrice, merita. *"Egli si portò le nostre infermità e si addossò i nostri dolori..."* (*Is* 53, 4). Tuttavia egli dice alle donne di non piangere per lui, ma per se stesse e per i loro figli. Gesù, l'Uomo per il prossimo, persino in questi momenti di atroce sofferenza fisica è preoccupato soltanto delle sofferenze che il male porterà nelle vite altrui e in particolare delle donne di tutto il mondo. Quando Gesù evoca profeticamente *le sterili e quelle che non hanno mai generato e le mammelle che non hanno allattato,* sta forse prevedendo le tragedie che toccano milioni di donne nella nostra odierna cultura di morte?

I Vangeli non dicono se Maria fosse presente, ma la tradizione cristiana, ispirata da una sorta di istinto spirituale, ci assicura che lo era. Anzi, il quarto mistero glorioso sottolinea con particolare devozione lo straordinario momento in cui gli occhi insanguinati di Gesù incontrano quelli di Maria, pieni di lacrime, lungo la strada per il Calvario. In quel momento Maria non sviene, non grida di rabbia o di disperazione, non cerca di divincolarsi dai soldati per essere più vicina a suo figlio. Lo guarda e capisce che quella è la *Sua ora.* In Cana, quando lei gli aveva chiesto aiuto, lui aveva preso le distanze dicendo: *"Donna, [...] non è ancora venuta la mia ora"* (*Gv* 2, 4). Ora però le loro rispettive afflizioni si fondono nella comune consapevolezza dell'arrivo dell'ora in cui il piano salvifico di Dio si attua. Questa comunione nella sofferenza di Gesù e Maria, di madre e figlio, è la nostra fonte eterna di speranza.

Paul Card. Shan Kuo-hsi
Vescovo di Kaohsiung nella Repubblica di Cina (Taiwan)

TAVOLA XX

"Crocifissione e morte di Gesù"
di ***Kazuo Paolo Yamaguchi***

La crocifissione e morte di Gesù

1. Lettura (Lectio)

"Dall'ora sesta fino all'ora nona si fece buio su tutta la terra. Verso l'ora nona Gesù a gran voce gridò: *Elì, Elì, lemà sabachthanì? Cioè: Dio mio, Dio mio, perché mi hai abbandonato?*" (*Mt* 27, 45-46).

"Dopo ciò, sapendo Gesù che già tutto era compiuto, affinché si adempisse la Scrittura, disse: Ho sete. C'era là un vaso pieno di aceto. Fissata dunque una spugna imbevuta di aceto ad un ramo d'issopo, gliela accostarono alla bocca. Quando ebbe preso l'aceto, Gesù disse: 'Tutto è compiuto' e chinato il capo, rese lo spirito. I Giudei [...] chiesero a Pilato che spezzassero le gambe [ai corpi] e [che questi] venissero rimossi. Vennero dunque i soldati e spezzarono le gambe del primo e dell'altro che erano stati crocifissi con lui. Venuti da Gesù, siccome lo videro già morto, non gli spezzarono le gambe, ma uno dei soldati con un colpo di lancia gli trafisse il fianco e ne uscì subito sangue e acqua. Colui che ha visto ha testimoniato e la sua testimonianza è verace ed egli sa che dice il vero, affinché voi crediate. Questo avvenne infatti affinché si adempisse la Scrittura: *Non gli sarà spezzato alcun osso; e ancora un'altra Scrittura dice: Guarderanno a colui che hanno trafitto*" (*Gv* 19, 28-37).

2. Meditazione sul Crocifisso (*Meditatio*)

L'abbandono e la morte del Figlio di Dio sono la suprema rivelazione della Santissima Trinità. Il dono di sé di Gesù Crocifisso è la più chiara rivelazione al mondo del dono nell'amore, eterno e trinitario, del Padre. Nella vita interiore della trinità, il Padre genera "un Altro in Dio", che è infinitamente Altro, ma anche infinitamente Altro *dal Padre,* cioè il Figlio eterno, che è egualmente glorioso ed eguale in maestà.

Per l'umanità, la Croce manifesta la diversità del Figlio dal Padre, ma anche la loro essenziale unicità nel vincolo di unità e amore che è lo Spirito Santo. Il Crocifisso rivela che il Dio Trinitario, nella sua essenza, è amore e dono di sé. Nella sua libertà sovrana, l'amore divino trascende ogni ragione. Anche quando una persona incontra tale amore, esso non può essere definito.

Tra le parole di Gesù Crocifisso, va dato il primato al grido di abbandono: "Dio mio, Dio mio, perché mi hai abbandonato?". Per dirla con Hans Urs von Balthasar, "Dio fu abbandonato da Dio nell'ira di Dio". Da un lato, Gesù si è addossato tutte le colpe di Adamo e dei suoi figli. Assumendosi i peccati del mondo, egli si è alienato dal proprio padre ed è stato da lui abbandonato; diventando i nostri peccati, egli è diventato oggetto dell'ira del Padre. Dall'altro, con l'obbedienza di Gesù alla volontà del padre, l'ingiustizia del mondo è stata consumata dall'ira totale di Dio; pertanto la giustizia totale di Dio e la sua rettitudine ci sono diventate accessibili. Scrive von Balthasar: "Il Figlio porta i peccatori dentro di sé, insieme alla disperata impenetrabilità dei loro peccati che impedisce alla luce divina di manifestarsi in loro. In se stesso, dunque, egli sente non i peccati di costoro, ma la disperazione della loro resistenza a Dio e il 'No' privo di grazia che la grazia divina contrappone a questa. Il Figlio che è dipeso completamente dal Padre, persino nell'identificarsi con i propri fratelli nel loro essere perduti, ora deve dal Padre essere abbandonato".

La morte in Croce di Gesù è il punto di svolta, la transizione, la Pasqua, lo iato critico nella Storia. L'ira di Dio e il suo amore convergono e si incontrano drammaticamente nel Figlio di Dio Crocifisso. Tutte le contraddizioni della vita vengono qui risolte.

Il Figlio di Dio, colui che è senza peccato, ha accettato di morire perché i peccatori potessero vivere. Noi abbiamo peccato allontanandoci dall'amore. Dio è l'amore che abbiamo perduto. Siamo sfuggiti via dal centro. Senza Gesù Crocifisso, le nostre vite ci sembrano assurde, come in caduta libera. Per evitare la vacuità, la disperazione, il malcontento, cerchiamo di ingannarci attraverso una sempre maggiore attività. Senza Dio tentiamo di colmare il vuoto con qualsiasi cosa intorno a noi, con ogni tipo di svago, dallo sport alla televisione e agli hobby.

Gesù Crocifisso, tuttavia, ci prende di sorpresa. Nulla avrebbe potuto prepararci alla profondità del primo Venerdì Santo. Una nuova immagine di Dio ci appare: essa è stata tratta dalla verità e la verità viene accolta da essa. Nulla al mondo potrebbe esigerla, suggerirla o comporla. Siamo in presenza di un amore meraviglioso che va oltre la nostra comprensione. "E quando io sarò innalzato da terra, attrarrò tutti a me" (*Gv* 12, 32).

Sulla Croce, Dio realizza la riconciliazione del mondo con Lui stesso. Il suo unico Figlio, egualmente essenziale ed eguale in amore e potenza, si è "dato in sacrificio per noi tutti" (*Rm* 8, 32). Egli è il sacrificale Agnello di Dio che toglie i peccati del mondo e allo stesso tempo il sacerdote che si abbandona al Padre tramite il versamento del suo Sangue. Egli non è altro che colui che nella propria sofferenza accoglie tutti. Gesù è diventato "pontefice misericordioso e fedele nelle cose che riguardano Dio, per espiare i peccati del popolo" (*Eb* 2, 17)."Eppure, egli portò le nostre infermità e si addossò i nostri dolori. [...] Fu trafitto a causa dei nostri peccati" (*Is* 53, 4-5). Il Figlio di Dio Incarnato si è donato "per noi" al punto di sostituirsi a noi peccatori. Le percosse, la flagellazione, la croce, le ferite, la morte e la sepoltura di Cristo sono accadute tutte "per noi".

La verità va ancora oltre e raggiunge profondità inimmaginabili. Il Crocifisso rivela non solo l'amore sempre più grande del Dio imperscrutabile, ma anche il male sempre più grande del peccato. San Paolo e i padri della Chiesa insegnano che Cristo si è fatto "peccato" per noi. "Colui che non conobbe peccato, egli lo fece peccato per noi, affinché noi potessimo diventare giustizia di Dio in lui" (*2 Cor* 5, 21). Quando Gesù ha preso su di sé le conseguenze dei nostri peccati, Dio ha capovolto questo mondo peccatore. “[Il] Signore nostro Gesù Cristo [...] da ricco che era, si è fatto povero per voi, perché voi diventaste ricchi della sua povertà” (*2 Cor* 8, 9). La Croce ci porta a rivalutare l’umiltà. L’amore di Dio è il mistero indecifrabile nel Cristo Crocifisso: esso rivela qualcosa che trascende la ragione e la saggezza, rimanendo per sempre irrisolto. La *kenosis* del Figlio, il suo annichilimento (*Fil* 2, 7), è la rivelazione dell’eterna assurdità di Dio nel suo dimostrarci così tanto amore. Anche sulla Croce Gesù, con la sua purezza in quanto Testa, associa se stesso con i peccati delle membra del suo Corpo, dice Sant’Agostino, tanto che Dio ne ha fatto “un sacrificio per i peccati”. San Gregorio Nazianzeno ha usato un’espressione molto forte: “Gesù mi ha portato con sé nella mia interezza, insieme a tutto ciò che è mio”.

Tramite la Croce di Gesù, tutti i popoli sono liberati e riscattati dalla schiavitù del peccato e della morte eterna. Il nostro compito è osare ricevere il suo dono di liberazione e di riscatto. Siamo chiamati a fare nostra l’eterna redenzione di Gesù con un libero atto di fede nel suo sangue salvifico.

La redenzione attraverso il suo sangue e il perdono dei peccati sono solo un elemento nell’omnicomprensivo fine divino. Nel sacrificio di Cristo, noi veniamo portati nella vita divina e trinitaria. Il fine di Dio è di renderci capaci di condividere nella grazia con Cristo lo status di figli. “A quanti però lo accolsero diede il potere di divenire figli di Dio, a coloro che credono nel suo nome [...]” (*Gv* 1, 12).

Verso la fine della sua agonia sulla Croce, “quando ebbe preso l’aceto, Gesù disse: ‘Tutto è compiuto’; e chinato il capo, rese lo spirito” (*Gv* 19, 30).

Fondamentale per la visione cristiana della libertà umana è l'insegnamento di San Paolo sul ruolo dello Spirito Santo. "L'amore di Dio è stato riversato nei nostri cuori per mezzo dello Spirito Santo datoci in dono" (*Rm* 5, 5). L'esistenza di una libertà finita può essere afferrata dai cristiani solo alla luce di una comprensione dell'opera dello Spirito Santo in noi. Questo è evidente da un altro testo di San Paolo sulla libertà cristiana: "Il Signore è lo Spirito e dove c'è lo Spirito del Signore c'è libertà!" (*2 Cor* 3, 17).

"Se il figlio vi libererà, sarete veramente liberi" (*Gv* 8, 36). È questa l'unica libertà che il Nuovo Testamento conosce. La grazia è il conferimento di libertà infinita alla libertà finita. Essa è la permanenza, liberamente data, della libertà infinita nella libertà finita. Quest'ultima reagisce all'ineffabile dono ed espressione dell'amore divino che è lo Spirito Santo, l'Amore–Persona all'interno della Santissima trinità, rispondendo liberamente con il proprio amore per Dio. Noi esseri finiti diventiamo consapevoli del fatto che Dio ci abbia scelto e si sia dato a noi liberamente. Sta a noi la scelta di rispondere altrettanto liberamente a questo amore. La libertà umana percepisce il proprio amore come un "deliziarsi in ciò che è giusto".

Il dono che Dio fa di sé è il dono più grande della sua infinita libertà. Esso viene rivelato pienamente e al meglio nell'"ora" di Gesù. La libertà trinitaria di Dio è divenuta il regno della nostra libertà. Nella sua libertà infinita, Dio è il dono più grande di tutti, poiché nella nostra libertà Dio non ci è alieno. Egli è non–altro, il *Non–Aliud* del Cardinale Nicola Cusano. Il nostro compito sta nel fare della nostra intera esistenza una parola di rendimento di grazie. Siamo chiamati a farci Eucaristia.

Innalzare i nostri cuori a Dio significa non opporre resistenza alla libertà di amarci di Dio. Prima del nostro battesimo nella sembianza della morte di Cristo eravamo schiavi dell'ingratitudine, incapaci di rendere grazie per l'ineffabile dono dell'autodeterminazione.

Per i cristiani il rendimento di grazie è l'espressione suprema della libertà dataci con sincerità. Tutto è grazia, tutto è dono. Il nostro intero essere, la nostra libertà, la nostra esistenza, la nostra realizzazione, la nostra autodeterminazione, la nostra incomunicabile soggettività, la nostra stessa essenza e quanto è nostro: tutto è dono dell'infinita libertà di Dio e del suo amore. Tutto ha origine nella libertà e nell'amore di Dio, ma niente è di nostra proprietà e nemmeno ci è stato semplicemente prestato.

L'Eucaristia è il frutto in cui culminano la Resurrezione e l'Ascensione. Nell'Ultima Cena Gesù si è dato nelle mani degli apostoli e di coloro che li seguivano in modo che noi potessimo offrire in Lui questo sacrificio di lode e anche riconoscere quello stesso sacrificio salvifico in maniera personale, lasciando che tocchi le nostre vite con i suoi poteri inerenti.

Ai piedi della Croce, Maria di Nazareth ha assistito alle terribili sofferenze del suo Figlio. Ha visto la carne della sua carne lacerata dalle frustate, dalle spine, dai chiodi e dalla lancia del soldato. Il suo cuore era tutt'uno con il sacrificio del Figlio. Insieme a lei, anche noi rimaniamo trasfigurati nel dolore e nello sgomento, poiché "l'Amore è inchiodato alla croce, la croce che lo ha preso e non lo lascia andare. [...] La croce, un libro scritto a lettere d'oro e tutto fiorito d'Amore" (Iacopone da Todi).

3. Preghiera al Crocifisso (*Oratio*)

Preghiamo. O Dio, nella morte del tuo unico Figlio tu ci hai dato la suprema rivelazione del mistero della tua vita trinitaria. Il tuo Figlio ha incarnato il peccato sulla croce. Egli ha percepito la concentrazione sulla sua persona di tutto ciò che è empio come un abbandono da parte tua, Padre. L'origine stessa, la fonte della vita eterna del tuo Figlio è sembrata esaurirsi. Noi professiamo che il Verbo eterno procede da te, Padre. Persino nella sua esperienza di abbandono egli ha sete di te, Padre, la fonte inesauribile della sua vita. Lo Spirito Santo accende in tuo Figlio la sete di te. È lo Spirito Santo che continua a unirti al tuo Figlio anche quando egli sopporta l'irrisolvibile contraddizione che forza il vostro reciproco amore fino a un livello insostenibile. È a questo punto che non diciamo più "Ecce homo"; ora, mentre rivolgiamo lo sguardo verso il corpo crocifisso del tuo Figlio, osiamo dire "Ecce Deus!". Nel corpo percosso e straziato del Verbo Incarnato, noi vediamo l'immagine di te e del tuo amore per noi, Padre.

O Santa Croce! O follia della stessa parola "croce"! Tu riveli che la debolezza di Dio è più forte dell'uomo, che l'assurdità di Dio è più saggia dell'uomo. Come può essere? Tu riveli la portata della forza di Dio dicendo che l'evento della risurrezione è inseparabile dall'evento della morte di Cristo.

O Croce di Cristo, non possiamo dimenticarti. Su di te Nostro Signore Gesù Cristo è morto per poterci salvare dalla morte eterna a cui le nostre miserie ci stavano portando e darci la vita eterna che avevamo perduto col peccato.

O Croce di Cristo, tu ci ricordi anche la morte di Dio, una morte che è la fonte della nostra salvezza, della rivelazione della tua vita più recondita, nonché di tutta la fede riflessiva. Tu ci ricordi la doppia affermazione di San Paolo riguardo al nostro Salvatore con un dinamismo e una finalità espressi come un paradosso assoluto: "[...] da ricco che era, si è fatto povero per voi, perché voi diventaste ricchi della sua povertà" (*2 Cor* 8, 9). Anche se paradossale, essa ha una finalità intrinseca che ci riempie di speranza di "diventare ricchi della sua povertà".

4. Contemplazione del Cuore di Dio Padre nel primo Venerdì Santo (*Contemplatio*) di Charles Péguy

Il Padre ha davanti agli occhi la scena di suo Figlio sulla Croce. "Tutto era compiuto. Non parleremo oltre di questa incredibile discesa del mio Figlio tra gli uomini e di come essi abbiano reagito. E intorno alla nona ora mio Figlio lanciò un grido la cui eco non si spegnerà mai. I soldati erano tornati alle loro caserme, di buon umore perché il loro turno era finito. Solo un centurione e pochi uomini erano rimasti a fare la guardia a quei patiboli insignificanti. Anche qualche donna era presente: sua madre, forse qualche discepolo, ma questo non è certo. Ogni uomo ha diritto a dare sepoltura al proprio figlio. Solo io, Dio, colui le cui braccia sono state legate per tutta la durata di questa avventura, non ho potuto seppellire il mio Figlio. E poi arrivasti tu, o notte…”.

James Francis Card. Stafford
Presidente del Pontificio Consiglio per i Laici

Misteri Gloriosi

- Risurrezione di Cristo
- Ascensione di Gesù
- Discesa dello Spirito Santo
- Assunzione di Maria
- Incoronazione di Maria regina del cielo e della terra

TAVOLA XXI

"Risurrezione di Cristo"
di ***Bertina Lopes***

Risurrezione di Cristo

Il primo mistero *glorioso* del Rosario è quello della risurrezione di Gesù. Approfondirlo sia dal punto di vista teologico che pastorale ci porterà a capirlo meglio e a viverlo con maggiore intensità, in intima e filiale unione con Maria.

1. "Il Signore è veramente risorto, alleluia"

Ecco il festoso annuncio cristiano che risuona ogni domenica di Pasqua. La Chiesa, commossa di gioia, proclama che Cristo, morto sul legno della croce, vive ormai al di là della morte. Il Crocifisso, il Servo di Jahvé, l'Uomo dei dolori, è ormai il Signore della vita, il Primogenito della risurrezione dei morti, la garanzia della nostra stessa risurrezione.

La risurrezione di Cristo non è, dunque un mito, una leggenda, ma un avvenimento concreto, reale, storico: *"Perché cercate tra i morti colui che è vivo? Non è qui, è risuscitato"* (*Lc* 24, 5-6). È vero che nessuno è stato testimone oculare dell'avvenimento stesso della risurrezione di Gesù, e che nessuno degli evangelisti ha avuto la pretesa di descriverlo. Non abbiamo una cronaca della risurrezione. Ma è altrettanto vero che essa è un evento storicamente incontrovertibile. Ciò emerge da due elementi di primordiale importanza nel quadro di quanto è successo nei giorni di Pasqua.

Il primo elemento è il *sepolcro vuoto*. Anche se non è, in sé, una prova diretta, poiché l'assenza del corpo di Cristo nella tomba vuota potrebbe avere altre spiegazioni (cfr. *Gv* 20, 13; *Mt* 28, 11-25), tuttavia non c'è dubbio che "il sepolcro vuoto ha costituito per tutti un segno essenziale. La sua scoperta da parte dei discepoli è stato il primo passo verso il riconoscimento dell'evento della risurrezione" (*Catechismo della Chiesa Cattolica* = *CCC*, n. 640). È il caso delle pie donne, e poi di Pietro e di Giovanni *"il discepolo... che Gesù amava"* (*Gv* 20, 22). Quest'ultimo dice espressamente che entrando nel sepolcro e scorgendo le bende per terra, *"vide e credette"* (*Gv* 20, 6, 8). Il fatto del sepolcro vuoto introduce all'improvviso i discepoli di Gesù ad una sorpresa sconcertante: Colui che era stato martoriato, crocifisso e morto sulla croce, "è risorto". Alla lettera: "è stato risuscitato (da Dio)". Essi sono così condotti a prendere atto della *potenza* di Dio. È proprio a questa presa di coscienza che l'evangelista vuole arrivare, riportando le parole dell'angelo alle pie donne: *"Non temete. Voi cercate Gesù Nazareno, il crocifisso: è risorto, non è qui. Ecco il luogo dove l'avevano posto"* (*Mc* 16, 1-8).

Il secondo elemento è quello delle *apparizioni* di Gesù risorto. La prima è stata destinata alle pie donne. Esse sono state così le prime a vedere il Cristo risuscitato e le sue prime messaggere nei confronti degli stessi Apostoli (cfr. *Lc* 24, 9-10). Poi appare a Pietro, chiamato a confermare i suoi fratelli nella fede: *"Davvero il Signore è risuscitato ed è apparso a Simone"* (*Lc* 24, 24), ed, in seguito, ai Dodici, chiamati, *"cum Petro et sub Petro"*, a "costruire l'era nuova che ha inizio con il mattino di Pasqua. Come testimoni del Risorto, essi rimangono le pietre di fondazione della sua Chiesa" (*CCC*, n. 642). Infine, il Signore risuscitato è apparso, in una sola volta, a una grande moltitudine di fedeli. Paolo parla, al riguardo, di cinquecento fratelli (cfr *1 Cor* 15, 4-8).

Dalle suddette testimonianze emerge chiaramente che la risurrezione di Cristo è un fatto storico irrefutabile. Ma la risurrezione di Gesù è anche, allo stesso tempo oggetto di fede "in quanto è un intervento trascendente di Dio stesso nella creazione e nella storia" (*CCC*, 648). Di più. La risurrezione del Signore è il *cuore* stesso della fede in Cristo, la verità culminante di essa, la verità centrale della comunità cristiana, creduta, vissuta e predicata come "parte essenziale del Mistero pasquale insieme con la croce" (*CCC*, 638). Senza di essa, il Cristianesimo sarebbe ridotto ad un mero sistema filosofico o morale. La fede nel Risorto è l'elemento fondamentale, *caratterizzante* della religione cristiana. È essa che fà si che questa sia l'unica vera religione.

2. "Tu che morendo hai distrutto la morte e risorgendo hai ridato a noi la vita"

La risurrezione di Gesù è essenzialmente la vittoria, completa e definitiva, della vita sulla morte. È il trionfo irreversibile di quella, e la sconfitta, pure essa irrevocabile, di questa. Il Cristo, spezzando i vincoli della morte, risorge vincitore dal sepolcro. Questo è il vero nucleo del mistero glorioso della risurrezione di Gesù di Nazareth.

Ma la risurrezione di Cristo e la sua vittoria definitiva sulla morte, non riguardano soltanto il Signore, ma anche tutti coloro che a Lui sono stati incorporati nel battesimo. Riguardano cioè il "Cristo totale", il Capo e le membra, così come si esprime Sant'Agostino, Vescovo d'Ippona. Questa è la fede incrollabile della primitiva comunità cristiana. Essa costituisce il fulcro della sua predicazione e della sua vita.

Paolo è estremamente chiaro nel ribadire il fatto della risurrezione, non solo, come sconfitta inappellabile della morte, ma anche della partecipazione di essa offerta a tutti i discepoli di Cristo. Il Cristo risorto è, infatti, "il primogenito di tutti coloro che risuscitano dai morti" (*Col* 1, 18). Ed ancora: *"Colui che ha risuscitato Cristo dai morti darà la vita anche ai nostri corpi mortali"* (*Rom* 8, 11). Particolarmente espressive sono, in proposito, sia la liturgia latina sia quella bizantina. In quella, ringraziamo il Signore che "morendo ha distrutto la morte, e risorgendo ha ridato a noi la vita" (*Prefazio della Domenica di Pasqua*). In questa la comunità dei credenti loda Dio perché "Cristo è risuscitato dai morti. Con la sua morte ha vinto la morte. Ai morti ha dato la vita" (*Liturgia Bizantina, Tropario di Pasqua*). La vittoria di Cristo sulla morte è, dunque, anche la nostra vittoria. Anche noi siamo vivi, grazie a Colui che è il Vivente.

I pittori ci offrono talvolta delle icone che raffigurano il Cristo chino sopra un vecchio, nell'atto di rialzarlo. Il simbolismo è quanto mai chiaro ed espressivo, toccante. Quel vecchio è Adamo, l'uomo, siamo tutti noi, è l'intera umanità infetta dal *virus* del peccato e della morte. Il Risorto si china su questa umanità ammalata e condannata alla morte, per risanarla e ridarle la vita.

"È ancora Dio, rileva un autore, chino su questo impasto di fango, per comunicargli il suo 'soffio', come il primo giorno. Stavolta, però, sarà la vita *per sempre*" (A. Pronzato, *Il Rosario preghiera del quotidiano,* Gribaudi Editore, 1986, 155).

La risurrezione di Cristo è, dunque, una breccia aperta per sempre nel muro cupo e freddo della morte, costruito dal nostro progenitore, attraverso la quale ogni uomo, se vuole, può passare, per avere la vita, la libertà e la gloria di cui, a partire dalla risurrezione, gode pienamente il Signore.

Tutto ciò significa che la *tomba vuota* trovata dalle pie donne e dai discepoli, è, in realtà, il luogo di nascita alla nuova vita, alla via del Risorto, alla quale tutti noi siamo chiamati a partecipare. È la sua culla. Sarebbe bello che i pittori che dipingono il Risuscitato, ci offrissero anche, qualche volta almeno, delle icone che lo raffigurassero nell'atto di "uscire" da una *culla* (cfr. A. Pronzato, *Ib.*).

Il sepolcro vuoto, ossia la risurrezione di Cristo dai morti è, insieme all'Incarnazione del Verbo, l'evento assolutamente nuovo e divino che irrompe prepotente nella storia, inaugurando una storia nuova: quella della salvezza di tutti gli uomini. Ed è proprio da questo fatto che scaturisce la *speranza* proclamata dalla fede cristiana. La risurrezione è l'unica sorgente della speranza di cui i cristiani sono chiamati ad essere profeti, seminatori, annunciatori. L'uomo può sperare, perché *"Cristo, mia speranza, è risorto"*, come canta la liturgia pasquale, mettendo queste parole in bocca a Maria di Magdala, la prima testimone dell'evento della risurrezione del Signore. *"Sì, ne siamo certi: Cristo è davvero risorto"*, risponde coralmente con gioia la comunità dei credenti, proclamando e testimoniando, in tal modo, che davvero solo il Risorto è la nostra speranza e la nostra salvezza. La Pasqua è davvero, la fonte inesauribile, la *culla della speranza,* di quella speranza di cui l'uomo, ed in particolare quello di oggi, ha tanto bisogno.

3. Il crocifisso e il Risorto

"Mostrò loro le mani ed il costato" (*Gv* 20, 20). Non è certamente privo di significato il fatto che nelle apparizioni pasquali, Cristo mostri abitualmente i "segni" inequivocabili della sua passione. Così facendo, Egli ha voluto certamente sottolineare l'intimo ed inscindibile legame tra il Gesù del Golgota, il Servo di Jahvé, e il Gesù della Pasqua, ormai il Signore della vita; tra il Crocifisso e il Risorto; tra il Venerdì Santo e la Domenica di Pasqua.

Si tratta di qualcosa che ha estrema rilevanza sia teologica che pastorale. Infatti il dramma della croce e la risurrezione sono assolutamente inseparabili e si illuminano a vicenda. Quello e questa sono due fasi o momenti, o se vogliamo due capitoli, entrambi essenziali, della storia della salvezza. Cristo non è morto per rimanere nel sepolcro, ma *per* risorgere dai morti. La croce, in realtà, non avrebbe senso se non fosse illuminata dalla luce splendente della risurrezione, allo stesso modo che la risurrezione presuppone, a sua volta, la morte in croce. C'è una perfetta continuità tra Passione e Risurrezione. È il Crocifisso che è risorto. Il mistero pasquale va accolto nella sua totalità, in tutti i suoi aspetti: tenebre e luce, umiliazione e glorificazione, sofferenza e gioia.

Vanno evitati, in proposito, due rischi che potrebbero portare ad una inadeguata presentazione della fede cristiana. Il primo è quello di chi, parlando della salvezza portataci da Cristo, sembra fermarsi al Venerdì Santo, non dando il dovuto rilievo a ciò che è venuto dopo quel giorno sul Golgota. Viene fuori un cristianesimo piuttosto deturpato, impoverito, assai diverso da quello di cui ci parlano i testi biblici, il kerigma della prima comunità cristiana ed i Documenti della Chiesa.

Il secondo rischio, anche esso da evitare ad ogni costo, è quello di chi vorrebbe eliminare o mettere tra parentesi il mistero della Croce. Pensare così sarebbe svuotare del suo contenuto essenziale, sarebbe snaturare, devitalizzare il mistero pasquale.

Non vanno mai, pertanto, separate le due stazioni: quella del Golgota e quella della risurrezione. Alla gioia del mattino di Pasqua si arriva *solo* passando attraverso i dolori e le tenebre del Venerdì Santo. "Chi rimane fermo al Calvario è in ritardo sul Vivente. E chi scavalca la croce, non potrà mai 'riconoscere' il Risorto, ossia Colui che reca i segni dei chiodi", (A. Pronzato, *o.c.,* 160), le sue "cicatrici" indelebili.

4. La Chiesa contempla con Maria il volto del Risorto

Nelle Lettere Apostoliche *Novo Millennio Ineunte* e *Rosarium Virginis Mariae,* Giovanni Paolo II dedica ampio spazio al tema della contemplazione e del Risorto da parte della Chiesa. Il suo pensiero al riguardo è quanto mai chiaro e preciso, e si può riassumere in alcune affermazioni di fondo.

Il Sommo Pontefice incomincia col dire che, come nel Venerdì e Sabato Santo, la Chiesa continua a restare in contemplazione del volto insanguinato di Cristo, nel quale è nascosta la vita di Dio ed offerta la salvezza del mondo. Questo atteggiamento contemplativo del volto di Gesù fa parte dell'essere stesso della Chiesa. Appartiene alla sua stessa identità. Al suo stesso *DNA*.

Ma, aggiunge il Papa, la sua contemplazione del volto di Cristo non può fermarsi all'immagine di Lui crocifisso. *Egli è risorto*... è a Cristo risorto che ormai la Chiesa guarda (*NMI*, 28). Lo stesso concetto ripete il Santo Padre nella *RVM* (n. 23). E contemplando il volto del Risorto, la Chiesa non fa che porsi sulle orme di Pietro e accompagnarsi a Paolo, che lo incontrò sulla via di Damasco (*NMI*, 28).

La Chiesa rivive così, a duemila anni di distanza, gli eventi pasquali "come se fossero accaduti oggi" (*NMI*, 28). E da questa sua esperienza, essa è confortata per riprendere, con sempre rinnovato slancio, la sua missione di annunciare il Signore risorto agli uomini ed ai popoli del terzo millennio (cfr. *Ib.*).

Ma la Chiesa contempla il volto del Risorto *con Maria*. E ciò perché "la contemplazione di Cristo ha in Maria il suo modello insuperabile. Il volto del Figlio le appartiene a titolo speciale... Alla contemplazione del volto di Cristo nessuno si è dedicato con altrettanta assiduità di Maria" (*RVM*, 10). Ed un po' più avanti, il Papa parla dello "*sguardo radioso* di Maria nel mattino di Pasqua per la gioia della risurrezione" (*Ib.*).

Ed il modo migliore per contemplare il volto del Cristo risorto *con Maria*, è, senza dubbio, quello della preghiera, essenzialmente cristologica, del Rosario. E ciò perché "da sempre il Rosario esprime questa consapevolezza della fede, invitando il credente ad andare oltre il buio della Passione, per fissare lo sguardo sulla gloria di Cristo nella Risurrezione. Contemplando il Risorto, il cristiano scopre *le ragioni della propria fede* (cfr. *1 Cor* 15, 14) e rivive la gioia non soltanto di coloro ai quali Cristo si manifestò..., ma anche la *gioia di Maria*, che dovette fare un'esperienza non meno intensa della nuova esistenza del Figlio glorificato" (*RVM*, 23).

Da quanto testè detto, emerge che nessuno meglio di Maria ci può aiutare a "riconoscere" il Risorto. Nessuno, meglio della Madre, infatti, conosce l'identità del suo Figlio. Nessuno meglio di Lei può, quindi, condurci a contemplare, in tutto il suo ineffabile splendore, il suo volto glorioso.

José Card. Saraiva Martins
Prefetto della Congregazione delle Cause dei Santi.

TAVOLA XXII

"Ascensione di Cristo"
di ***Bertina Lopes***

Ascensione di Gesù

Il Signore nostro Gesù Cristo è il Figlio di Dio ed è di natura divina. Egli è uguale a Dio. Egli, l'Altissimo, spogliò se stesso, umiliò se stesso e si fece carne divenendo simile agli uomini. Egli è dunque morto sulla croce dopo aver subito ogni umiliazione e sofferenza per causa di noi uomini, creati da Lui. Egli è stato crocifisso come se fosse il più peccatore degli uomini, assumendo così tutti i peccati dell'umanità. Il Signore nostro ha sofferto per il nostro amore, perché potessimo essere salvati dai nostri peccati e dalla morte. Il Signore spogliò se stesso fino all'estremo e così pure umiliò se stesso, perché ci fosse data la salvezza. Egli, pur non avendo commesso alcun peccato, assunse i nostri peccati e offrì anche la propria vita per il perdono dei nostri peccati.

Per questo amore, questa umiliazione e questa povertà che Gesù manifestò, Dio ha risuscitato suo Figlio dai morti, l'ha esaltato ed assunto fino al cielo, dandogli tutto il potere di sottomettere ai suoi piedi i cieli e la terra, gli uomini ed ogni altra cosa. Gesù Cristo, che ci ha amati fino alla morte, è divenuto il Signore dell'universo ed è diventato il Signore della vita, che salva e vivifica ogni cosa nei cieli, sulla terra e sotto terra. Egli è il nostro capo e noi siamo sue membra. Se infatti Cristo, il capo, è glorificato dal Padre, anche noi, sue membra, saremo glorificati.

Quello che più ci interessa nella nostra vita è sapere qual è il significato dell'esistenza, dov'è il fine della vita, se l'essere umano abbia davvero termine con la morte, se questo corpo mortale finirà così e, infine, qual è il senso dell'umanità e della sua storia. Dico che l'ascensione del Signore nostro Gesù Cristo è la risposta a tali interrogativi, poiché la gloria del Signore assunto fino al cielo è il futuro di tutti noi. Come Cristo Gesù è venuto nel mondo per salvarci, così, dopo aver sofferto, è risuscitato ed è stato assunto fino al cielo per noi, perché, salvati dai nostri peccati per la grazia del suo sangue e della sua morte, partecipiamo alla sua gloria. La fine della vita umana non può essere dunque la morte, anzi è la risurrezione e la vita, perché viviamo in eterno con Cristo, risuscitati e assunti con Lui. Cristo è venuto nel mondo per darci questa grazia di Dio. Proclamiamo dunque la nostra fede come è scritto alla fine della *Professione di fede:* "Credo la remissione dei peccati, la risurrezione della carne e la vita eterna".

Il futuro di ciascuno di noi, quindi di tutti noi e dell'intera umanità, sarà salvato e godrà della vita eterna in virtù del Cristo. Tutta la vita umana assume allora il suo senso. Anche la storia dell'umanità, pur avendo molteplici aspetti sia positivi che negativi, sarà riempita di senso mediante Cristo. È

Cristo che è il senso. Il Signore assunto al cielo non ci ha lasciati soli, anzi rimane con noi in modo più intimo come Signore che riempie tutto l'universo.

Stephen Card. Kim Sou-hwan
Arcivescovo emerito di Seoul in Corea del Sud.

TAVOLA XXIII

"Discesa dello Spirito Santo"
di ***Bertina Lopes***

Discesa dello Spirito Santo

Dopo la Resurrezione e l'Ascensione, la Pentecoste rivela il grande mistero del "Dio fedele". Con potenza, in quel giorno, Gesù dimostra al mondo stupefatto di mantenere la sua parola. Infatti, non aveva egli forse promesso: "Vi manderò il Paraclito, il Dio consolatore"? E gli Apostoli inquieti, scoraggiati, riuniti nella sala del cenacolo, videro come un fuoco che si divideva in lingue. E lo Spirito si posò su ciascuno di loro.

Al centro del collegio apostolico stava Maria, la Nuova Eva, la Madre di Gesù, Madre della Chiesa, Madre di tutti gli uomini. Come Madre universale, ha partecipato alla nascita di questo nuovo mondo ordinato da Dio Padre, Dio Figlio, realizzato in quel giorno da Dio Spirito Santo. Sant'Ireneo prolunga la riflessione su questo grande avvenimento che rinnova la faccia del nostro pianeta: "È lo Spirito, come dice Luca, che è disceso sugli Apostoli dopo l'Ascensione del Signore... E che ha potere su tutti i popoli per introdurli alla vita e aprirgli la nuova Alleanza".

Ecco perché, all'unisono, essi cantano un inno a Dio. Lo Spirito ha riportato all'unità tutte le razze lontane e offerto al Padre le primizie di tutti i popoli...

"Lo Spirito è disceso sul Signore: Spirito di saggezza e d'intelligenza, Spirito di consiglio e di fortezza, Spirito di Scienza e di pietà, Spirito di timore di Dio..." (Sant'Ireneo, *Trattato di contro le Eresie*).

Questo dono perfetto, questo dono prestigioso di Dio, lo Spirito dell'unità e della purificazione, Gesù, a sua volta ed a profusione, lo trasmette a noi per costruire e consolidare la nostra fraternità sempre in pericolo. Egli, che scruta gli animi e i cuori, conosce i nostri sentimenti, conosce la nostra naturale propensione alla divisione, all'esclusione degli altri. Sperimenta di generazione in generazione i nostri limiti, i nostri tradimenti, le nostre manie di grandezza; conosce il nostro rifiuto di amare, gli effetti devastanti delle nostre lingue umane dure, a volte calunniose. Conosce i nostri pensieri negativi, le nostre parole di diffidenza, di rifiuto delle differenze, le nostre mancanze di apertura e di tolleranza.

Dio sperimenta, di generazione in generazione, la molesta nostalgia degli umani verso la ripetizione dell'avventura disastrosa della Torre di Babele, confusione permanente del pensiero e della parola, miscuglio stonato delle opzioni personali e collettive, Babele degli interessi contraddittori di arbitri senza cuore, Babele delle razze e dei continenti, Babele dei colori e del vocabolario, Babele delle culture e dei valori...

Babele delle religioni, delle ideologie, delle politiche, delle economie libere o imposte, Babele dei livelli di vita, dello sviluppo e delle tecnologie, confusione, monopolio della parola degli uni, rassegnazione, rivolta degli altri, dei senza voce, dei lasciati da parte.

La Pentecoste, mistero della gioia e della speranza, due tesori che nessuno al mondo, se in noi c'è lo Spirito, ci può rubare e nemmeno erodere. Perché lo Spirito esplora, evangelizzandole, le nostre profondità più segrete. Ricapitola i nostri progetti, i nostri successi, le nostre aspirazioni. Al nostro posto, con dei gemiti inesprimibili, prega Dio Padre che, instancabilmente, attende la conversione e il ritorno di quel figliol prodigo che ognuno e ognuna di noi a sua volta è.

Nella Pentecoste, Spirito di Dio, tu avvicini il cielo e la terra, tu li metti in comunicazione. Nel nostro tempo si dice che tu ritorni in forze. Infatti tu aleggi sulle grandi acque della mondializzazione e della globalizzazione istituite dai grandi di questo mondo. Come all'inizio della creazione dell'universo (*Gen* 1) tu ci squadri, tu ci interpelli tutti, uomini e donne di ogni continente lanciati nel pellegrinaggio verso la santità: «Voi non sapete di quale spirito siete fatti. Se mi fate un posto degno dei doni eccezionali che io vi porto, la vostra tenebra brillerà come la luce del mezzogiorno. Nelle famiglie il padre, la madre e i bambini comunicheranno in permanenza. I rapporti interprofessionali miglioreranno stabilmente. La comunicazione tra i membri dei partiti politici e tra le nazioni grandi e piccole sarà più positiva, come pure meno conflittuale sarà quella tra il Nord ed il Sud. Gli accordi non saranno più un affare riservato alle sole "coscienze cosiddette superiori", ma la festa dell'umiltà, dell'ascolto reciproco, del mutuo rispetto in uno scambio fraterno ed arricchente».

Spirito Santo, tu che hai coperto Maria con la tua ombra feconda all'inizio dei tempi messianici, manda sempre a questo mondo sottomesso ai dolori del parto il tuo soffio benefattore, copri con la tua potenza la faticosa nascita del terzo millennio, epoca grandiosa, eccitante ma sconcertante, meravigliosa eppure al contempo carica di numerose ed inquietanti sfide.

Spirito di Pentecoste, Spirito che fai dei Santi, noi confidiamo in te. Nei nostri cuori aridi, oggi, invia la tua poggia di primavera, rinnova le meraviglie del passato, rendici i testimoni della fedeltà di Dio, del suo Amore che è forza di rinnovamento, di serenità e di pace. Amen.

Bernard Card. Agré
Arcivescovo di Abidjan in Costa d'Avorio

TAVOLA XXIV

"Assunzione di Maria"
di ***Bertina Lopes***

Assunzione di Maria

Carissimi, noi fin d'ora siamo figli di Dio, ma ciò che saremo non è stato ancora rivelato. Sappiamo però che quando egli si sarà manifestato, noi saremo simili a lui, perché lo vedremo così come egli è. Chiunque ha questa speranza in lui, purifica se stesso, come egli è puro (1 Gv *3, 2-3*).

Il quarto mistero glorioso alza al cielo il nostro sguardo, preso dallo sguardo di Maria. Nei suoi occhi vediamo brillare questa speranza che ci purifica, di cui parla l'Apostolo San Giovanni: *"Noi saremo simili a lui, perché lo vedremo così come egli è"*.

Ella è stata purificata già dalla sua Immacolata Concezione. E possiamo dire che divenne "simile in tutto a Gesù". Ed Egli si fece figlio di lei (e nella carne di Maria si fece simile a noi in tutto, fuorché nel peccato).

Tuttavia, in Dio sempre vi è un "più". E adesso, elevata al cielo, Maria si premura di colmare quella speranza: vedere il volto di Dio, vedere il volto del suo Figlio tale quale è. Lo conosce da sempre. Ma nel chiaro-scuro della fede.

Come Madre ha contemplato quel volto dal primo momento.

Lo immaginò prima che fosse nato e ha seguito i passi delle sue trasformazioni. Ha visto il suo volto di bambino diventare quello di Gesù adolescente e, infine, quello dell'uomo adulto.

Ha visto ciò che abbiamo fatto con quel volto nella Croce.

Lo ha visto risorto, di nuovo sorridente.

Ma c'è di più; ancora rimane il velo del mistero che "nessun occhio vide".

E mentre recitiamo l'Ave Maria, alimentiamo la nostra speranza contemplando il desiderio di Nostra Signora.

Il cristiano è l'uomo della speranza. Speranza di che?

Speranza di vedere un volto. Ce lo dice il Salmo: "Quando verrò e vedrò il volto di Dio?"

Il volto di Gesù è un volto conosciuto in modo misterioso; del resto non conosciamo nemmeno il nostro volto personale.

La sua immagine è incisa nella profondità più intima del nostro essere. Il Padre ci ha creato in Lui, a immagine del suo volto. Perciò lo presentiamo familiare. E quanto più familiare, più misterioso. Come ogni volto amato.

Giovanni ci dice che la speranza purifica. Di che cosa abbiamo bisogno di purificarci? Certamente di molte cose. Però questa del volto è la principale.

Non sono forse tutte le nostre maschere e chirurgie la prova del fatto che cerchiamo un volto veritiero, quel volto unico e personale, e al contempo, volto di famiglia, volto comune a tutti i volti?

Non cerchiamo il nostro vero volto negli occhi degli altri?

Non è vero che riposiamo da questa ricerca solo quando incontriamo il volto di un altro che ci ama e che vogliamo contemplare?

Guardando il volto di Maria possiamo avvicinarci al Volto di Gesù, che ci purifica e ricrea.

Così come, quando uno vede una madre con suo figlio, è bello passare dal guardare il bambino all'osservare come lo guarda sua madre, ci aiuta il contemplare lo sguardo di Maria.

Contemplarla guardando Gesù mentre si avvia verso il Cielo, alla sacra intimità del Dio Santo, e comprendere cos'è la speranza.

Contemplarla nell'istante in cui i suoi occhi s'incontrano con quelli di suo Figlio, e capire cos'è la carità.

Sale con lei l'anelito di tutta l'umanità. E in quest'ascensione continuiamo a purificarci nella speranza.

Nella misura in cui sale, il volto di Nostra Signora continua a divenire raggiante, e ricordiamo Mosè, nella cavità della rupe, nel Sinai, quando il Signore lo coprì teneramente con la mano perché "nessun uomo può vedermi e restare vivo", e subito la tolse affinché potesse "vedere le mie spalle, ma il mio volto non lo si può vedere" (*Es* 33, 20-23).

Man mano che sale, Maria prega ricordando l'antica benedizione:

Ti benedica il Signore e ti protegga
Il Signore faccia brillare il suo volto su di te
e ti sia propizio.
Il Signore rivolga su di te il suo volto e ti
conceda pace. (*Num* 6, 24-26).

Man mano che sale, sente la brezza soave che avvolse il profeta, quando il Signore passò davanti a Lui ed Elia si coprì il volto con il mantello (*1 Re* 19, 13).

Maria sale recitando il cantico di Davide, suo padre:

Cercate il Signore e la sua forza, ricercate sempre il suo volto.

Ricordate i prodigi che egli ha compiuto, i suoi miracoli e i giudizi di sua bocca. Stirpe di Israele suo servo, figli di Giacobbe, suoi eletti (*1 Cr* 16, 11-13).

Man mano che ascende, il suo volto si trasforma e anche i suoi vestiti, e noialtri la vediamo stupiti come i giudei contemplarono Giuditta, colei che con la sola "bellezza del suo volto" sconfisse tutti i nemici (*Gdt* 16, 6). Come la Regina Ester, Maria sale "rosea nello splendore della sua bellezza e il suo viso era gioioso, come pervaso d'amore" (*Est* 5, 1b).

Con il Salmo, va pregando:

"Di te ha detto il mio cuore:
"Cercate il suo volto";
il tuo volto, Signore, io cerco" (*Sal* 27, 8).

Si compie in Maria l'anelito di tutti noi, che preghiamo con la preghiera di Giobbe quando diamo l'ultimo saluto ai nostri cari:

"Dopo che questa mia pelle sarà distrutta,
senza la mia carne, vedrò Dio.
Io lo vedrò, io stesso,
e i miei occhi lo contempleranno non
da straniero" (*Gb* 19, 26-27).

Già si dissolve in lei il velo di cui parla Paolo e "a viso scoperto, riflettendo come in uno specchio la gloria del Signore", Maria si va trasformando "in quella medesima immagine, di gloria in gloria, secondo l'azione dello Spirito del Signore" (*2 Cor* 3, 15-18).

Non sappiamo forse che è vero che abbiamo bisogno di vedere noi stessi nel Volto alla cui immagine siamo stati creati?

La vediamo entrare, Nostra Signora, nel Cielo e venir accolta da Giovanni. Da lontano immaginiamo il Signore con le parole dell'Apocalisse:

"in mezzo ai candelabri c'era uno simile a figlio di uomo, con un abito lungo fino ai piedi e cinto al petto con una fascia d'oro. I capelli della testa erano candidi, simili a lana candida, come neve. Aveva gli occhi fiammeggianti come fuoco, i piedi avevano l'aspetto del bronzo splendente purificato nel crogiuolo. La voce era simile al fragore di grandi acque. Nella destra teneva sette stelle, dalla bocca gli usciva una spada affilata a doppio taglio e il suo volto somigliava al sole quando splende in tutta la sua forza" (*Ap* 1, 13-16).

E nell'incontrarsi con il suo Figlio, si compie quella promessa: "vedranno la sua faccia e porteranno il suo nome sulla fronte" (*Ap* 22, 4).

A Maria, assunta al Cielo in corpo ed anima, preghiamo:

"Orsù dunque, Signora e Avvocata nostra,
rivolgi a noi gli occhi tuoi misericordiosi
e dopo questo esilio
mostraci Gesù".

Jorge Mario Card. Bergoglio
Arcivescovo di Buenos Aires in Argentina.

TAVOLA XXV

"L'incoronazione della Vergine"
di ***Bertina Lopes***

Incoronazione di Maria regina del cielo e della terra

Noi associamo romanticamente onore, dignità, autorità, provvidenza, benevolenza e misericordia alla regalità, essendo queste le virtù che ci aspettiamo da re e regine. Non sorprende quindi che, sotto ispirazione dello Spirito Santo, la Chiesa abbia sempre venerato Cristo come Re e Maria come Regina. È in conformità a questa tradizione che l'ultimo mistero glorioso del Rosario è dedicato all'incoronazione di Maria come Regina del Cielo e della Terra.

Papa Pio XII ha definito il Rosario "un compendio di tutto il Vangelo", dal momento che la maggior parte dei suoi misteri riflette eventi narrati dagli evangelisti. Fanno eccezione il quarto e il quinto mistero glorioso, l'assunzione e l'incoronazione della Vergine Maria. Entrambi sono però ben radicati nella tradizione della Chiesa. L'assunzione fu stabilita come dogma da Pio XII e lo stesso pontefice istituì una festività per celebrare la condizione regale di Maria. Entrambi i misteri possono essere considerati come continuazioni non scritte della narrazione evangelica. Va qui notato che nel secolo scorso diversi Papi in successione, compreso l'attuale Santo Padre, hanno attivamente promosso la devozione alla Beata Vergine Maria e hanno posto un'enfasi particolare sul Santo Rosario.

Nell'istituire la festività della Beata Vergine Maria Regina, Pio XII precisò che non stava proponendo una nuova verità per la fede dei cristiani. La devozione a Maria, nostra Regina, risale ai primissimi tempi della Chiesa ed è stata testimoniata in ogni epoca. La fervente salutazione di Sant'Ildefonso di Toledo (sec. VII) può essere scelta per echeggiare tutte le altre voci, a Oriente e a Occidente, precedenti e seguenti: "O mia signora, o mia dominatrice: tu sei mia signora, o madre del mio Signore... Signora tra le ancelle, regina tra le sorelle" (*De Virginitate Perpetua B. V. M., PL* XCVI).

La testimonianza di Papi, santi e teologi è stata sostenuta nei secoli dall'arte e dalla liturgia ecclesiastica, creando una grande sinfonia in lode della nostra Regina celeste.

Maria è Regina prima di tutto in quanto Madre di Cristo Re. Nell'antichità era infatti sovente la madre del re, piuttosto che la moglie, a essere onorata come Regina. Maria è la madre di colui al cui riguardo l'angelo Gabriele aveva proclamato: "Egli sarà grande e sarà chiamato Figlio dell'Altissimo; il Signore Dio gli darà il trono di Davide, suo padre, e regnerà sulla casa di Giacobbe in eterno e il suo regno non avrà mai fine" (*Lc* 1, 32-33). Come osserva Pio XII, "lo stesso arcangelo Gabriele può dirsi il primo araldo della dignità regale di Maria" (*Ad Coeli Reginam*, 34). Il secondo araldo fu Elisabetta: "Ma perché mi accade questo, che venga da me la madre del mio Signore?" (*Lc* 1, 43).

Maria è Regina anche a causa della sua stretta connessione al proprio divino Figlio nella redenzione dell'umanità. Papa Pio XII si chiese retoricamente, con parole mutuate dal suo predecessore, se potessimo avere un pensiero "più dolce e soave di questo, che Cristo è nostro re non solo per diritto nativo, ma anche per diritto acquisito e cioè per la redenzione?" (*Ad Coeli Reginam*, 35). "Non siete stati riscattati dalla vostra vita insulsa, ereditata dai vostri padri, a prezzo di oro e di argento, elementi corruttibili, ma per mezzo del sangue prezioso di Cristo, che ha svolto la funzione di agnello puro e senza macchia" (*1 Pt* 1, 18-19). Il Papa evidenzia le implicazioni per Maria, la Beata Madre di Cristo: "È certo che in senso pieno, proprio e assoluto, soltanto Gesù Cristo, Dio e uomo, è re; tuttavia, anche Maria, sia come madre di Cristo Dio, sia come socia nell'opera del divin Redentore, e nella lotta con i nemici e nel trionfo ottenuto su tutti, ne partecipa la dignità regale, sia pure in maniera limitata e analogica. Infatti da questa unione con Cristo re deriva a lei tale splendida sublimità, da superare l'eccellenza di tutte le cose create: da questa stessa unione con Cristo nasce quella regale potenza, per cui ella può dispensare i tesori del regno del divin redentore; infine dalla stessa unione con Cristo ha origine l'inesauribile efficacia della sua materna intercessione presso il Figlio e presso il Padre" (*Ad Coeli Reginam*, 39). La Chiesa è comunque sempre attenta a precisare l'unicità del ruolo di Cristo come nostro solo Redentore: "La funzione materna di Maria verso gli uomini in nessun modo oscura o diminuisce questa unica mediazione di Cristo, ma ne mostra l'efficacia. Ogni salutare influsso della beata Vergine verso gli uomini non nasce da una necessità oggettiva, ma da una disposizione puramente gratuita di Dio, e sgorga dalla sovrabbondanza dei meriti di Cristo; pertanto si fonda sulla mediazione di questi, da essa assolutamente dipende e attinge tutta la sua efficacia" (*Lumen Gentium*, 60). È alla luce di questo rapporto che possiamo invocare la protezione della nostra Regina celeste come Avvocata, Ausiliatrice, Soccorritrice e Mediatrice (cfr. *Lumen Gentium*, 62).

Papa Giovanni Paolo II ci ha ricordato che il Rosario è essenzialmente una preghiera contemplativa. In unione con Maria e sotto la sua guida, nella quiete dei nostri cuori riflettiamo sugli eventi principali della missione redentrice del suo Figlio. Nei misteri finali, l'Assunzione e l'Incoronazione, sempre sotto la guida di Maria contempliamo il suo status privilegiato, conferitole per merito della morte e risurrezione di Cristo. "L'anima mia magnifica il Signore e il mio spirito esulta in Dio, mio Salvatore".

Non dimentichiamo certo che Maria, nostra Regina, è anche nostra Madre. Come tale, ella ci ama come suoi figli. Nella sua veste di Regina questo amore si trasforma in misericordia. Ella è infatti "Regina di Misericordia" e intercede costantemente per noi mentre lottiamo contro le potenze del male in questo mondo e contro le nostre stesse debolezze. Nel buio, nella confusione e nell'insicurezza che spesso siamo chiamati ad affrontare, possiamo sempre trovare coraggio, rassicurazione e conforto invocando l'onnipotente intercessione della nostra Regina e Madre. Il Rosario, come ci dice Papa Giovanni Paolo II, è un "percorso spirituale, in cui Maria si fa madre, maestra, guida, e sostiene il fedele con la sua intercessione potente" (*Rosarium Virginis Mariae,* 37). Come è dunque appropriato che questo itinerario ci porti infine a lodare e ringraziare Maria, ora incoronata Regina del Cielo e della Terra!

C'è un campo in particolare in cui la richiesta dell'intervento misericordioso di Maria è urgente e incessante: la pace, di cui abbiamo un disperato bisogno e che pare sempre eludere questa umanità dolente. Più volte nel corso della nostra storia le forze del male sono state sconfitte solo grazie a ferventi preghiere alla Regina della Pace. Oggi abbiamo bisogno più che mai dell'intervento misericordioso di Maria, con i conflitti e l'odio che dilagano in decine di luoghi diversi nel mondo. Sono state particolarmente tragiche le violenze e i massacri in Iraq, terra degli antenati di Abramo, nonché nella Terra Santa, consacrata dai passi del nostro Salvatore. Dobbiamo rivolgerci a Maria con fiducia. Ella non ha mai abbandonato noi, suoi sudditi, prima e non ci abbandonerà nemmeno ora.

L'Incoronazione di Maria, Regina del Cielo e della Terra, è soprattutto un simbolo di speranza: "[...] il mistero della volontà [di Dio] secondo il suo benevolo disegno che aveva formato [in Cristo]" (*Ef* 1, 9) è il suo culminare quando tutto sarà stato unito in Cristo e noi, figli adottivi di Dio, potremo gioire con tutti gli angeli e i santi nella gloria del suo Regno. A volte la nostra speranza di salvezza eterna viene messa a dura prova, ma veniamo rassicurati dalla risurrezione di Cristo, che vinse la morte e resuscitò a vita nuova in nostro nome e in nostro favore. Troviamo poi ulteriore speranza e conforto in Maria, assunta in cielo in corpo e anima (i primi frutti della Redenzione) e ora incoronata nostra Regina, che attende di accoglierci nel regno del suo Figlio.

Nella sua lettera apostolica *Rosarium Virginis Mariae,* Papa Giovanni Paolo II ci insegna che Maria, incoronata nella gloria, simboleggia il destino non solo dell'individuo, ma anche della Chiesa nel suo insieme: "Infine, contemplando Cristo e sua Madre nella gloria, vede il traguardo a cui ciascuno di noi è chiamato, se si lascia sanare e trasfigurare dallo Spirito Santo" (25). E più avanti: "I misteri gloriosi alimentano così nei credenti *la speranza della meta escatologica* verso cui sono incamminati come membri del Popolo di Dio pellegrinante nella storia. Ciò non può non spingerli ad una coraggiosa testimonianza di quel 'lieto annunzio' che dà senso a tutta la loro esistenza" (23). Riferendosi specificamente a Maria, Regina del Cielo, il Santo Padre scrive: "Coronata infine di gloria – come appare nell'ultimo mistero glorioso – Ella rifulge quale Regina degli Angeli e dei Santi, anticipazione e vertice della condizione escatologica della Chiesa " (23).

Proprio come la cometa illuminò la via ai magi, diede loro coraggio e li portò a incontrare Cristo a Betlemme, così Maria, Regina del Cielo e della Terra, faro lucente di speranza, ci incoraggia nel nostro pellegrinaggio verso il destino che è stato preparato per noi in cielo.

Le parole del Concilio Vaticano II completano ammirevolmente le nostre riflessioni sul quinto mistero glorioso del Rosario: "Tutti i fedeli effondano insistenti preghiere alla madre di Dio e madre degli uomini, perché, dopo aver assistito con le sue preghiere la Chiesa nascente, anche ora, esaltata in cielo sopra tutti i beati e gli angeli, nella comunione dei santi interceda presso il Figlio suo, fin tanto che tutte le famiglie di popoli, sia quelle insignite del nome cristiano, sia quelle che ancora ignorano il loro Salvatore, in pace e concordia siano felicemente riunite in un solo popolo di Dio, a gloria della santissima e indivisibile Trinità" (*Lumen Gentium*, 69).

Salve, Regina,
madre di misericordia,
vita, dolcezza e speranza nostra, salve.
A te ricorriamo esuli figli di Eva;
a te sospiriamo, gementi e piangenti
in questa valle di lacrime.
Orsù dunque, avvocata nostra,
rivolgi a noi gli occhi tuoi misericordiosi
e mostraci dopo questo esilio
Gesù, il frutto benedetto del tuo seno.
O clemente, o pia, o dolce Vergine Maria.

Prega per noi, santa Madre di Dio
Perché diventiamo degni delle promesse di Cristo

Edward Bede Card. Clancy
Arcivescovo emerito di Sydney in Australia

Gli Artisti

Roberto Joppolo (Siena, 1939). Pittore e scultore, inizia l'attività artistica nel 1965, operando con pari maestria sia nell'astratto sia nel figurativo, con particolare predilezione per l'arte sacra. Sono suoi i monumenti a S. Massimiliano M. Kolbe, ai genitori di S. Francesco, gli arredi in bronzo per la cappella di preghiera nella Basilica Inferiore di S. Francesco ad Assisi, la statua della Vergine dell'Autostrada del Sole, i pannelli bronzei per la Porta Maggiore del Duomo di Messina, la scultura commemorativa del 50° anniversario dell'insediamento della FAO a Roma e "l'Albero dell'Umanità", ricordo del Giubileo dei Parlamentari e dei Governanti, posta nei Giardini Vaticani e a Betlemme. Dove, nella Basilica della natività, verrà montata anche la " Porta della pace". Vive e lavora a Viterbo.

Fernando Leal Audirac (Città del Messico, 1958). Figlio di uno dei fondatori del "movimento muralista" messicano degli Anni '20, ha innestato su quella tradizione un profondo interesse per la storia dell'arte e la saggistica, confrontandosi con le tecniche della grande pittura medievale e rinascimentale. Membro fondatore della Sezione Restauro e della Commissione consultiva del Fondo Nazionale per la Cultura e le Arti del Messico, Fernando Leal Audirac ha esposto nel Palacio de Bellas Artes di Città del Messico, in Francia, Germania, Italia e negli Stati Uniti. Nel 1994 ha rappresentato il Messico nelle celebrazioni ufficiali per i 600 anni dell'erezione di Seoul a capitale della Corea del sud e nel 1995 per il Centenario della biennale di Venezia. Vive a Milano.

Stephen Thomas Booth. Nato nel 1954 in Australia, Stephen Thomas Booth è un artista profondamente influenzato dai motivi e dalle atmosfere dell'arte classica, che usa rielaborare in chiave moderna attraverso colori e figure dal suggestivo simbolismo.

Ha esposto più volte a Melbourne, in Europa, in Italia e a Roma, dove vive. Nella sua produzione spiccano le originali nature morte, i fiori e alcuni soggetti ispirati all'arte sacra, che egli reinterpreta con un "realismo al di fuori del contesto".

Kazuo Paolo Yamaguchi (Sapporo, Giappone, 1940). Formatosi nelle Accademie di Tokyo e di Roma, opera principalmente nel campo della scultura e, in particolare, di quella a carattere sacro. Numerosi suoi lavori adornano chiese e scuole in Giappone e in Italia, paese nel quale ha scelto di vivere da alcuni anni, stabilendosi nei pressi di Roma. In campo grafico, la pittura di Yamaguchi si ispira all'antica e difficile tecnica giapponese "ukiyoe", da lui arricchita con elementi moderni, salvando però la finezza del tratto e la delicatezza nell'esecuzione, proprie della migliore tradizione artistica nipponica.

Bertina Lopes. Nata nel Mozambico, quando era ancora una colonia del Portogallo, la Lopes è una delle maggiori figure dell'arte contemporanea, non soltanto africana. Figlia di un portoghese e di una mozambicana, ha fuso, in una mirabile sintesi artistica, motivi culturali del nord e del sud del mondo in una pittura e scultura capace di spaziare dalle tradizioni del continente nero ad un astrattismo di grande effetto plastico, con colori caldi e luminosi, tecniche diverse e materiali di ogni tipo.

Bertina Lopes ha esposto in Africa, in Europa e nel Medio Oriente. Dal 1965 vive a Roma dove, insieme con l'attività artistica, porta avanti numerose iniziative in favore della pacificazione e del progresso sociale dell'Africa.